钱儿妈（白雁飞） 钱儿爸（韩涛）——著

没有教不好的孩子

陪孩子走过关键10年

中信出版集团 | 北京

图书在版编目（CIP）数据

没有教不好的孩子：陪孩子走过关键10年 / 钱儿妈，
钱儿爸著. -- 北京：中信出版社，2019.11（2020.11重印）
ISBN 978-7-5217-1045-8

Ⅰ. ①没… Ⅱ. ①钱… ②钱… Ⅲ. ①家庭教育
Ⅳ. ①G78

中国版本图书馆CIP数据核字（2019）第195324号

没有教不好的孩子——陪孩子走过关键10年

著　　者：钱儿妈　钱儿爸
出版发行：中信出版集团股份有限公司
　　　　　（北京市朝阳区惠新东街甲4号富盛大厦2座　邮编　100029）
承 印 者：北京联兴盛业印刷股份有限公司

开　　本：787mm×1092mm　1/16　　印　　张：17　　字　　数：260千字
版　　次：2019年11月第1版　　印　　次：2020年11月第4次印刷
书　　号：ISBN 978-7-5217-1045-8
定　　价：56.00元

钱儿妈

本名白雁飞，被读者们称为“白大人”。中国传媒大学毕业，中英文双硕士学历，英文纪录片专业翻译。专注儿童双语启蒙与教育十多年，讲解的英文教程《牛津阅读树》广受孩子们喜爱。2016年开始每天在“Michael 钱儿频道”分享教养一对儿女的心得体悟，文章被无数父母长期追读。已出版的《让孩子像孩子那样长大》《给孩子立界限》累计销售20万册，获得新浪育儿频道颁布的“妈妈信赖的养育图书作者奖”等荣誉。

即韩先生，本名韩涛，语言艺术家，两获“金鹰奖”，两获“五个一工程”奖，解说数百部国内外经典纪录片。在创建的百万粉丝微信公众号“Michael 钱儿频道”为孩子们播讲了上千部中外经典绘本故事，并原创改编播讲包括《超级西游记》《超级封神榜》在内的数部中国经典作品。

钱儿爸

MICHAEL 钱儿

被读者们称为“钱儿爷”，小学五年级的小男子汉。从小学习花样滑冰，酷爱读书与乐高积木。

二胖濑濑

三岁半的小女生，怀揣公主梦的“女汉子”，是爸爸和哥哥的绝对领导者。

强拖着钱儿去买吃的，一回头发现这小人儿静静地坐在冷柜一头，读书读得如入无人之境。

科技馆和天文馆之行后，钱儿对科普类图书的兴趣似乎彻底燃起了。

孩子们都知道，要想玩儿得开心，一定得找爸爸。

● 钱儿拿着赚的第一笔“外快”，拉着妹妹去买玩具。

● 钱儿画画时，二胖像小粉丝一样专注地盯着哥哥。

● 左边的红色细长瞄准镜，是二胖“揍”哥哥的武器。

二胖总想穿裙子去上学，于是我们给她准备了各种公主的纱裙。

家有俩宝的生活，还真是多姿多彩。

带钱儿看画展，他似乎被我的好心情感染了，对路上的一切也都感到新奇。

自序

经常有人问我："你儿子英语这么好，到底是怎么学的？"

我的第一反应是，没怎么学啊，就小时候读读绘本，大了他自己就能读小说了。

这其实某种程度上，是被美化和篡改过的回忆，并非刻意，而属本能。

当我静心回想过去，甚至去翻翻我给儿子保留的，那些一路走来从字母都写不对到成篇写故事的本子，听听曾经为他录制的那些英文故事，盘点与他一起读过的数不清的英语绘本，再重温下与他历任英语老师的各种沟通聊天记录——便会知道，每一点儿进步都曾得来不易。等一切步入正轨时，很多事情都成了理所当然，就渐渐被忘却了。

所以当出版社小伙伴邀请我选一些自己的文章，编撰成这本《没有教不好的孩子》时，我的第一反应其实是我可不是那种吼孩子的妈妈呀。

一晃，这是记录我们与孩子共同成长经历的第三本书了。

如果说第一本《让孩子像孩子那样长大》，是作为焦虑的头胎家长，在彷徨中的摸索，第二本《给孩子立界限》，是作为开始"松绑"的二胎家长，在从容与纠结中的进化，那么这第三本书，恰是我们内心与行动上更为自洽的养育回归了。

孩子养到第二轮，我越来越体会到：养育中容易操作、效果立竿见影但是最短效的，就是“吼叫＋强制”；而未必能马上看到效果，却能从根源上解决问题的方式，往往只需要记住三个字：不拧巴。

但这并不意味着放手不管。我和韩先生都不是放养型的父母，但是我们也不会用那些所谓“正确的标准育儿知识”来禁锢孩子。在育儿这件事上，有两点是我们俩一直都达成共识的：

第一，养育孩子，一切要从眼前你与孩子的实际情况出发；

第二，世事没有特例，永远别指望孩子不努力就突变成才，那与不劳而获同理，你想让孩子在某个领域有所建树，唯有持之以恒地努力，别无他法。

在孩子习得“努力”这种韧劲的过程中，父母必要的陪伴、督促和引导永远不能少。所以在这本书里，我想分享的，不是孩子越来越大，家长什么时候该放手，而是随着孩子的生活边界逐渐扩大，遇到的挑战越来越多，甚至可能遭遇心理落差，我们做父母的，在陪伴孩子、与孩子进行有效沟通方面，如何调整时机、频率、心态和方法。

钱儿十岁了，他的人生才刚刚起步，但对我和韩先生来说，这十年可能是我们在孩子一生中陪伴最多的时光。很多家长留言说，想要知道钱儿的成长记录，尤其是关于学习方面的，比如他的英语学习方法，我和韩先生怎么培养他的阅读习惯，等等。这些内容在本书中都有涉及，但我并不想把所谓“经验”像标准教案一样传递给大家。我更想分享孩子曾经遇到的困难，更重要的是把我们“怎么了解孩子的需求，协助他解决问题”的过程呈现给大家。

在我们的微信公众号的后台，有很多读者朋友留言，和我们交流自己的育儿体会，我们每天都会认真读过。其中有一条我印象特别深刻，那位家长的话大概就是我和韩先生写这本书的初衷：多和孩子沟通，才能了解他们的真实需求。有时候，搭脚手架，帮助孩子"够一够"，协助他达成目标，更能让孩子记住这种成就感和努力的意义。

我曾经看到一种说法："父母的保质期，只有十八年。"看到这句话时，我心中一惊，是啊，孩子的成长期是不可逆的，其中每一步，每一个日日夜夜，都是值得珍惜的。我们能够在孩子成长的关键路上陪伴一程，这是为人父母最大的幸运。我把这些陪伴的点滴如实记录下来，希望能与读者们分享其中的甜酸，或许也能给大家带来某种启示。

我一直相信，没有教不好的孩子，没有孩子本质上想做不好。不是每一个父母都能做到全职陪伴，但是只要能给孩子高质量的"在一起"的时光，给孩子高质量的陪伴，我们都能帮助他们做最好的自己。若干年后当孩子们成年了，希望他们无论何时想到自己的父母，都能感到温暖。

钱儿妈

2019 年 10 月 15 日

北京某咖啡馆

目录

①目录中标记了“*”的为钱儿爸撰写的文章，其余均为钱儿妈撰写。——编者注

第 3 章　给孩子高质量的陪伴

第 4 章　积极的沟通与调整才最有效

第 5 章　传递积极的人生观

第 6 章　给孩子更多的妥协与宽容

第 7 章　明确孩子的特殊性，顺势而为

第 8 章　最好的家教是言传身教

第 1 章

孩子的世界，终要靠他自己去面对

对于孩子，真的不必给他们灌输

太多成人世界的处世之道、人与人交往之道。

引导他们遵循自己内心的声音，去感受喜怒哀乐，

去听，去看，去感觉，去认识人、了解人、理解人，用善意待人，

你会发现他们小小的身躯中藏着

博大的胸怀和宽广的境界！

老师来电话了……

一天午后，突然接到儿子语文老师的电话，听语气是不太愉快的。

我大概能猜到几分老师来电的原因，估计是因为语文作业袋的事。只是老师们素来给我“佛系”的印象，这样微愠的气氛，让我多少有点儿意外。

果然，老师说韩同学状态有些问题。他原本在班里语文是不错的，上课特别积极，回答问题也很好，但最近却不同，不轮到他回答问题，他就不是特别专注。最重要的是，他以前偶尔会忘带作业什么的，这回可好，今天一来，他居然说把整个语文袋，连书带本子都丢了。

虽然听着老师越说越生气，但我还是静静等她说完，然后对老师说：“首先，我们今天回家一定会跟孩子好好谈谈，看看问题出在哪里，并督促他改正。其次，语文袋的事，我想跟您解释一下……”

不等我话说完，老师追了一句说：“语文袋里的东西，我又给了他一份，这个就不用说了，以后不要再丢。”

我听出老师还有点儿生气，就继续说：“事情是这样的。周五放学孩子一回家，就垂头丧气地说户外活动时不但把外套丢了，而且语文袋也不见了，找了半天都没找到。

“您能想象吗？十冬腊月天，他的羽绒服不知所踪，就穿着单薄的校服坐校车回来的，想必是户外活动玩儿得太疯，乱了方寸。衣服不要紧，家里再穿一件就是，倒是语文袋，不能随便丢。

“于是我和他爸爸立刻带上孩子，开车去学校，把他的教室里里外外找了个遍，确实没找到。在教室附近我们还遇到了副校长，他说或许是哪个同学误带回家了也说不定，让我们周一再找找试试。

“我们回家已经跟孩子批评总结过了，他也很懊悔，表示以后会更小心。这件事我们很抱歉。”

听我说到这里，听筒里老师的声音似乎也舒畅起来，带了笑意。她语气一下子和缓起来：“这不要紧的，我已经给他新的了，以后多注意就行。另外也嘱咐他上课要更专注，他一直还挺好的……”

我相信老师已经理解并原谅了这件事，第二天又从孩子那里得到了印证。儿子说老师其实一直都很好，只是在发现他丢了语文袋时有点儿生气，第二天又如常了。

我试着追问儿子：“你跟老师讲丢语文袋的时候，是怎么说的？”

儿子摸摸头说：“我就说‘老师，我语文袋丢了’。”

我问：“那老师说什么了？”儿子答：“老师也没批评我，就说‘给你新的，就这一次，以后再丢就没有了’，然后我就觉得老师好像有点儿生气。”

我说：“你没跟老师讲一下咱们回去找了好半天的事吗？”儿子说：“没有啊，压根儿没想起说这个，反正已经错了。”

至此，我就知道问题出在哪里了。

韩先生做事的原则就三个字：不解释。做错事就道歉，做好事不居功，不如人的地方玩儿命发奋，他觉得解释一点儿用都没有。他也是这样要求孩子的。技不如人没什么好说的，比赛败了，说自己已经努力了，只不过因为紧张导致失误，一点儿用也没有；考试分数低，说自己明明复习好几遍却忘了，谁也没有义务同情你，唯有回去继续努力，拿成绩和结果说话。结果倒好，家里这小子，把韩先生的要求给用在这儿了。

我对儿子说："如果是努力不够导致的结果，确实什么都不用说，说多少都是给自己找借口，但类似今天这样的事，却真的是解释胜过无声。如果你当时跟老师解释一下，可能她就不会那么生气。

"丢东西固然不好，但在人生中也难免发生，可你只告诉老师丢了东西这个结果，却没有说明咱们后续努力去找的过程。虽然结果都是一样的，但呈现的态度却完全不同。

"你很无所谓地丢了语文袋，老师就该生气；可若知道你积极补救过，老师就会晓得你不是不在意，确实是不小心，她会理解的。而这种理解，虽然改变不了既成事实，却可能会让老师秉持完全不同的态度来看待和解决此事。"

听罢，儿子说："哦，我明白了，老师肯定是觉得我丢了东西自己都不在乎，我要是老师肯定也生气。哎呀，真是……"

我心里默默地想，电话里我特意跟老师提碰到副校长，是为了侧面证明我们确实去了，而不是信口开河地为自己找补。但这些成年人本能的心思，想了想还是没有对孩子多说，毕竟他能懂得前者，就可以了。

晚上睡前的卧谈会，不知怎么又聊起这件事，儿子说他有点儿困惑，到底什么样的事情该解释，什么样的事情不用解释。韩先生接话说："一切不如人的原因，都不用解释。但若一件事可能会让人误会你的诚信，甚至做人的原则和态度，让人误认为你对结果抱着无所谓的态度，就有必要如实地解释清楚。当然不是为自己的过错找借口，只是尽量减少因误解产生的不必要后果。"儿子豁然开朗，他开心地说自己忽然想起有件事明天要去跟好朋友解释，然后很快睡去。

韩先生轻声对我说：“孩子的社交与为人处事方式，没有必要，更不可能每次都由父母来替孩子完成。他每天要面对的世界，你参与不了，也极少能帮上忙，咱们能说到的也毕竟有限，还是要靠他自己，老师那里肯定没问题，别多想了。”

我只好拉回早已飘远的思绪，没好意思告诉他，老师的事在我这里早就翻篇了。我脑袋里一直在想，若儿子能把这原则秉持好，未来我儿媳妇一定会幸福的……

人生舞台上，没有登不了台面的小角色，只有扶不上墙的小人物

最近儿子接连参加了学校的两部戏剧演出。第一部是年度大剧，全年级人人参与，各有角色。从选定角色到中间的排练，直至最后演出，前前后后几个月时间，我听儿子提起过几次，说自己的角色是judge（法官，评审员），挺没劲的。

我和韩先生以为judge就是最常见的理解——“法官”，所以还给他做心理建设，说法官多么威严多么帅，但后来老师通知让家长买古希腊式的袍子，又让带衬衫、牛仔裤和西装，搞得我一头雾水，始终没弄明白他到底扮演什么角色。

终于到演出这一天，我看过才发现，原来是很有创意地模仿了颇受欢迎的英国选秀节目《英国达人秀》(*Britain's Got Talent*)，孩子们“穿越”到了古希腊，穿着当时的服饰，并结合当时的历史背景来进行才艺展示。

看过类似选秀节目的同学就会明白，我家的judge先生，其实就是坐在台下拍红按钮决定选手命运，还要说几句点评的四位评委之一。只是，每个班都以相似的形式呈现，所以演员和评委不断更换，实际上能看到他出现的时间很短，台词也没几句，即便上台，也是坐在舞台外沿一角的长桌后面，离观众比离舞台近。

整台演出很棒，有些孩子出挑得让我印象深刻。儿子虽然戏份很少，

但沾了口齿清晰、声音通透的光，他点评的台词能让大家会心一笑，我和韩先生都为他骄傲。

开车回家的路上，出乎我们意料，儿子有些沮丧地说："这演出挺没劲的，他们表演唱歌跳舞的在台上待那么长时间，说很多话，蹦蹦跳跳很开心，但我演这个 judge 只能坐在那里，一共也没说几句话。It didn't make sense（真没有意思），这真不公平。"

他素来是个心大的孩子，在过去的时光中，他永远是那个谁行谁去，千万别拉着我的角色。没想到，此刻他已开始懂得什么叫失落，他也开始渴望以更耀眼的方式出现在舞台中央。

我立刻回应他说："It did make sense（还是有意义的），你扮演的评委 Simon Socrates（西蒙·苏格拉底），妈妈觉得超厉害！这个名字来自两个人，Socrates（苏格拉底）是著名的哲学家，而 Simon Cowell（西蒙·考威尔）就是真正的《英国达人秀》的评委。很多人看这个选秀节目的理由就是有他担任评委，每位参加节目的选手，都以能得到 Simon 的认可为荣。"这是我发自肺腑的真心话，但却不得不承认，这是我怕孩子伤心而急于安抚他的说辞。

韩先生边开车边不紧不慢地说："儿子，你跟我们讲讲，当初角色安排是怎么进行的？"

儿子闷闷地回答："是老师指定的。"

韩先生："指定？直接就让你演 Judge 吗？"

儿子："那倒不是，每个角色老师都会问。"

韩先生："具体是怎么操作的？"

儿子："比如国王，老师问谁想演，大家就举手。"

韩先生：“你举手了吗？”

儿子：“我可没有，我觉得演国王也总坐着，没意思。”

韩先生：“后来呢？”

儿子：“后来有三个人想演国王，老师就从举手的人里选了一个。”

韩先生：“那你的 judge 也是这么来的吗？”

儿子：“是的……也不是。因为老师问谁想演 judge 的时候，只有我举手，所以老师直接就同意我演了。”

韩先生：“也就是说这是你自己的选择？”

儿子：“是的，但我并不知道 judge 是干什么的，就觉得听上去肯定有意思。我要是知道他只能坐着，肯定不会选。”

韩先生：“这件事情你觉得哪里不公平？”

儿子：“刚才跟你这么一说，我觉得也挺公平的，这是我自己的选择，我觉得问题好像出在我应该问清楚 judge 到底是干什么的，是不是我想的那样再做决定，就好了。”

韩先生：“爸爸也赞同你的想法。老师征求意见，你毛遂自荐。不问清楚想当然，就是咱们自己的问题了。”

儿子：“可是，他们有的人演那么多，我只有那么少的部分，我还是有点儿不开心。我觉得让我演主角我也能演好。”

韩先生：“解决了公平问题，咱们来说说角色大小问题。

“在一部剧中，角色分配的背后有很多因素，从公平公正的角度来说，大致是按照演员的水平和他与角色的贴合程度决定的。其他原因很多，这不在咱们谈论范围内。

“只从水平与合适不合适来讲，如果你想戏份更多，想演主角，能力一定要跟得上，自己很棒，才有可能胜任角色。配角或者说小角色是不是就不好？当然也不是，有时或许更适合。不过真正的好演员，无论演主角还是配角都差不了，有时一个眼神就能让人记忆深刻。

“戏剧大师斯坦尼斯拉夫斯基曾经说过，Remember: there are no small part, only small actors（请记住：没有小角色，只有小演员）。所以无论何时，归根结底还是靠自身实力，看你努力了多少。说别的意义不大，因为自己决定不了。”

这番话儿子听得很认真，他说：“爸爸，其实我今天在台上还是很enjoy（享受，玩儿得痛快）的，今后如果再有演出，我会凭努力去演我想演的角色，如果演不上，就先把我能演的角色演好。”

他们爷俩的话，听得我通体舒畅，不想韩先生还“神补刀”地对儿子说：“无论角色大小，努力和敬业最重要。当年你妈妈有次去给广告配音，从学校穿越大半个北京城，耗时仨小时才到录音棚。分配的角色就仨字——嗯，老公！要录温柔贤惠版的、娇羞甜蜜版的、霸道女总裁版的、外太空科技感的……无数个版本。来，让你妈妈现场演示一下。”

后来，我们三个笑作一团，车里就是蜡笔小新妈妈和猪八戒的斗嘴声。夜色很浓，儿子的眉头舒展，小脸儿都笑红了，我想他心中不会再有纠结，却会记得这个瞬间。

不久，第二场演出来了，是春假戏剧营的音乐剧。剧中角色很多，而全部演员中，儿子是唯一的男孩，所以我想当然地认为，撇开实力不谈，只看性别，他也必定会演男主角，更何况，他的实力也不弱。

没想到演出这天我发现，他演了剧中的各种“碎催男”，比如给男主角端茶倒水的小跟班啊，洗衣房推脏衣车的小工啊，幕后收音机中只出声不露脸的主持人啊，他甚至还负责在台侧随时拉住幕布。男主角呢，则由一个女孩穿上男装表演。

说真的，讲大道理我比谁都在行，小演员小角色的道理，我也都懂，说起表演的斯坦尼斯拉夫斯基体系，我觉得我能比他们排剧的老师侃得还好，可真到自己孩子身上，我就不那么淡定了。

看剧时，身边的韩先生沉默得让我想挠人，我跟他抱怨："凭什么不让我儿子演男主角啊，宁可给女生演都不给我们演，我也没觉得她比我儿子强啊。"韩先生说："你没看几个主角都是大孩子，你儿子的个子还没到人家肩膀，女主角跟他怎么搭戏啊？"

我想想也有道理，可接下来看到我儿子低眉顺目地给女扮男装的男主角当跟班，就又不淡定了。韩先生叹口气说："儿子的全部戏份，都赶不上你这妈妈给自己加的戏码多。我想请你静心仔细看看儿子有多棒，你怎么老出戏呢？"

放下偏见与不忿，我很快被剧中的儿子感动了。他似乎完全不在乎自己扮演的都是小角色，而是很努力地把每件事做好。当他扮演孤儿院的孤儿，他就时而调皮，时而乖巧地和大家光脚在地上唱唱跳跳，甚至就地躺下。当他扮演小跟班时，他总不忘毕恭毕敬地站在自己的位置上，认真倾听，随时反应。当剧场一片漆黑，幕布紧闭，只有耳朵还在工作时，我耳边传来他清晰而又铿锵的声音，那是收音机里只闻其声不见其人的主持人。我听到他语气不疾不徐，我听到他享受其中、挥洒自如，直至灯光再次大亮……不在台上的大部分时间，他紧紧拉住幕布的一角，不允许后台的分毫被窥了去。

我知道，爸爸对他说的那些话，在他心中生了根，发了芽，他懂得享受舞台的乐趣，也为自己的每个角色而努力，并乐在其中。

谢幕后，他扑到我怀里。我问他感觉如何，他说太喜欢，这样结束有点儿舍不得。我问他上台前爸爸趴在他耳边说了什么，他想想回我："爸爸告诉我，不管演哪个角色，你要相信，你就是他，那就是你。"我说："你做到了吗？"他眼睛亮闪闪地点头："嗯，我觉得我做到了，爸爸，你觉得呢？"韩先生笑而不语，眼里是能让宇宙爆炸掉的骄傲，为儿子。

很多时候，我觉得孩子真的做得比我好。他们不会心口不一，而且对于他们能够接受的理念，会心无旁骛地坚定执行。

这两次演出让我思索良多。

首先，事后我很客观地考虑了角色分配到底是否存在不公。结论是，真的出演男主角，儿子未必会做得比人家好。这就让我再次提醒自己，你对孩子的认知，以及孩子自身真正的水平，他在所处的群体中到底是什么位置，未必能够相匹配，需要有一个客观的评定。

简言之就是，你认为自己孩子很好，但放眼某个群体，孩子的水平如何并不取决于你自己的认知，因而要有个客观评价。当然不必妄自菲薄，但更不能盲目自大。

我自视为人谦卑律己，可到了孩子身上，就不理智了，想来不觉汗颜。

其次，当孩子遇到挫折时，同理心的安慰会起作用，但很多细节上的沟通或许能让孩子自己解开心结，而不是仰仗父母的各种说辞。比如第一次演出，若没有韩先生的循循善诱，我也能安抚儿子，但却会失去一次让他自己思考总结的机会。

再次，孩子在人生中，无法避免地会遇到有心理落差的时候。如何帮助孩子接纳，甚至将其转化为前进动力，需要家长细致耐心的观察和不厌其烦的沟通。

最后，从孩子明白道理，再发展到能够践行道理，中间其实还有很长的路，家长能陪伴，就尽量陪伴同行。

回想儿子两次演出之间，他们爷俩看剧、看电影时，韩先生经常会有意无意地跟他讨论角色。吸取第一个剧本不了解人物的教训，在儿子拿到第二个剧本时，韩先生陪他把相关音乐剧看了数遍，我每次开车出门，都陪他在车上一起练习剧中要唱的歌。因此当他登台时，他的内心是从容自信的。剧情，他再了解不过；人物，他了然于胸。

真希望他能明白，不只是这小小一方舞台，未来人生的大舞台其实也是同样的。不管你扮演什么角色，没有登不了台面的小角色，只有扶不上墙的小人物。努力地活成最好的自己，总有属于你的一片天空。

戴发箍，穿皮衣，你要我去女厕所？*

有天早上起床，钱儿忽然问我："爸爸，我今天能穿我那件皮夹克去学校吗？"我愣住了："啊，你还有皮夹克？我怎么不知道。"

"爸爸，你怎么会不知道？你看就在这儿！"

说着，小家伙儿三步并作两步跑到衣橱旁，打开衣橱，整个身子钻进去，过了好一会儿，还真掏出一件黑乎乎的皮夹克举到我面前："爸爸，你瞧啊，这不是吗？妈妈去年给我买的飞行员皮夹克。"

我一拍脑袋："你不说我都忘了，去年在美国带你参观航母的时候买的，可是从没见你穿过呀。以前让你穿你都不穿，今天这是怎么了？再说我看这夹克好像已经有点儿小了呀……"

钱儿没等我说完，小皮夹克早已经穿上了，紧贴在身上，还有点儿短了。不过他一点儿不觉得，手插在兜里，小胸脯拔着，满足地左右转转，低头看看，一边转一边说："一点儿也不短，爸爸，我觉得很好，我能穿着吗？"我看着他的样子，忍住笑，很认真地回答他："当然可以，我也觉得很帅。"

"嗯，好，那我走了。"

"哎，你等等，我就是有点儿好奇，你从来对穿什么没在乎过，今天是怎么了？是有人，比如你的同学跟你说了什么了吗？"

其实，我是怕他受了什么刺激。钱儿却大咧咧地说："没人跟我说什么，就是我突然想起来了，觉得好看，特男人。"说完他背上书包，出了卧室。

我望着这个“特男人”的小小背影，不知该说些什么，也不知是他从哪儿听来的词。不过说实话，我也觉得他“特男人”，不为他穿了皮夹克，而为他刚才那番言谈举止：要怎样就怎样，想做就做，绝不拖泥带水，从不在乎别人的眼光。

这是我特别赞赏羡慕孩子的一点，活得率真、直接、达观、自我，即便别人投来异样的眼神，也不为所动，并从不以恶意揣度别人的言语和态度。

恰好不久前发生的另一件事让我感触更深。最近他一直戴着发箍，因为头发长了，我劝他剪一下，起初他同意了，后来上滑冰课时老师跟他说，长一点儿的头发在冰上滑行会飘起来，显得更身姿飒爽，也更有美感，所以头发可以适度留长一些。

老师的话他听进去了，便不同意剪发，只是天天戴着发箍。有时打眼看去确实有点儿像个女孩。我问过他数次，比如在学校有没有同学议论他，会提出异议吗？他说当然有啊，有同学说女孩才留长发，戴发箍。

我问：“那你怎么应对？”他说：“我就笑着跟他们说，我觉得这样挺好，谁说男孩儿就不能留长发，古代人不也留长发吗？我自己觉得好就可以。其实我知道同学不是嘲笑我，只是觉得有点儿奇怪而已。”

我又问：“有同学会因此疏远你吗？”“没有啊，”他说，“他们很快适应了，早没有人再关心我这事儿了，我们该怎么玩儿就怎么玩儿。爸爸，你不是跟我说了吗？你自己不在乎，没人在乎，而且不必在乎别人怎么看你，在乎自己就可以。”我看他一脸淡定、自然，完全没有任何言不由衷的样子，也就放下心来。

他要穿皮夹克那天，还发生了一件事，让我印证了这一点。

那晚有滑冰课，他穿着紧身训练服，戴着小发箍，在冰上飞一般滑行，长发飘起来，确实给气质加了分，明显他也更有自信。

课后临走前，我跟他去洗手间，他先上完站在旁边等我，忽然我听到背后有人说话：“小姑娘，你吓我一跳，我以为我走错了呢，你这么大了，不知道有女厕所吗？就算你等你爸爸，你也不能进来。”那声音里面是带着点儿怒气的，一瞬间，我也有点儿生气，我心想我儿子怎么就不能进来，明明是你认错了。

我回头正要开口，钱儿却先我一步。一个很温和的声音响起：“叔叔，我是个男孩儿。”说着他把发箍摘了下来，头发散下来，盖住了额头。

此刻，那个叔叔的表现真是让我感动，他忙不迭地冲着钱儿又是点头又是鞠躬：“是个男孩儿啊，啊呀呀，我看错了，我是真没看出来。孩子，对不起，对不起，对不起……”那局促不安的样子，仿佛犯了大错，那道歉诚意满满。

然后他又特意走过来跟我说：“兄弟，真是抱歉啊，我看错了，说了孩子两句，真不好意思。”我笑着说：“没事，哥们儿。我们这个，纯爷儿们，不会介意的。”

我特别感动于他的善意，知道他担心刚才的言语可能会在孩子心中造成不良影响，因此道歉的诚意和希望孩子理解的迫切心情溢于言表。

钱儿笑着帮他解围说：“是的叔叔，不就是看错了嘛，真的没关系。”那个叔叔听了也很感动，主动伸出手：“对不起啊，小朋友，你长这么帅都让叔叔看错了，关键还这么淡定，是个纯爷儿们。来，咱们握个手……”

这件事过后，我的那点儿担心已经荡然无存，我知道孩子有着牢固的心理支撑，不会轻易为外力所动摇。

其实戴发箍也好，穿皮夹克也罢，都不重要，重要的是你知道自己是谁，知道自己要什么，为什么这样做，为谁在做。你泰然处之，心中清明，所以面对他人的看法和质疑甚至误解，都可以一笑了之。或者一言以蔽之：没关系，这就是我，我就是我。更加宝贵的是，你能始终以善意去衡量他人的看法。看到别人也许只是不了解、不理解而已，并无恶意，当你能这样想，本来提着的心就放下了，本来竖起的刺就收回了，剩下的只有释然和平和。

所以我说自己羡慕孩子，在我看来，他的自信和善意是发自内心的，并无遮掩和隐藏，这是成人很难做到的，让我反思了很多。

这些年通过跟孩子的相处，我非常确定的一点是，我从孩子身上获得的，远多于我给予孩子的，我从孩子身上找回了太多人性中宝贵的本真。那些生活中的点滴，带给我的震撼和感慨，远远大于成人世界中那些所谓大事。

所以对于孩子，真的不必给他们灌输太多成人世界的处世之道、人与人交往之道。引导他们遵循自己内心的声音，去感受喜怒哀乐，去听，去看，去感觉，去认识人、了解人、理解人，用善意待人，你会发现他们小小的身躯中藏着博大的胸怀和宽广的境界！

都怪你……对不起！

我收到儿子学校发的邮件，通知学校接下来要举行运动会，并附上日程安排，欢迎家长们当天观摩。我一下子有点儿小激动，遥想了当年我们“东风吹，战鼓擂”的运动会盛况，又重温了一下大学时，我和我家大师兄在主席台上喊号子的照片。我已经替儿子摩拳擦掌，迫不及待了。

回家问他参加什么项目，他一头雾水地说好像有接力，还有个什么水桶的。没劲，一点儿氛围都没有。对他来说，就像一堂普通的体育课。我的热情也一下子被浇灭了，韩先生笑我说：“人家孩子的活动，你跟着戏起戏落的，我都替你累。”

话虽如此，我还是惦记着这事儿，并在运动会当天，午后打了三十多轮电话把韩先生给催回来，“小驴子”蹬上，我俩就奔学校了。

运动场上，孩子们稀稀落落地分散在不同场地，其实那里都算不上传统意义上的运动场，应该说是在偌大的草坪上，画了些跑道和框框。老师们和孩子们都很放松，嬉笑着，奔跑着，蓝天映衬白云，音乐中跳跃着旋律……这份轻松愉悦也感染了我们，这与我童年印象中的运动会，真的相去甚远。所以我也理解了此前儿子对运动会表现出的无所谓的态度，这里看上去更像是一场纯粹的游戏，而非竞技。

有的孩子脖子上已经挂了几块奖牌，在阳光下闪闪发亮。我找到儿子时，毫不意外地，他的小脖子光秃秃颗粒无收，脸上是一贯毫无心机而又乐在其中的笑。

来得早不如来得巧，刚给我们展示了脸上画的油彩，儿子就被老师叫去跑 4×50 米接力赛。在那一刻，我的心里是非常“佛系”的，我完全能够预想到儿子会跑倒数两名内，因为他虽腿长步幅大，频率却慢，跑步从来就不是他所长，这是我和韩先生早就心中有数的（估计老师选他参赛也是被他的外表蒙蔽了）。

此外作为一个曾经小学六年都是体育差生，到初中逆袭为中学六年运动会长跑和接力绝对主力的过来人，我一点儿都不介意儿子跑最后一名。可是我却忘记了，接力赛最容易出问题的，不是跑不快，而是掉链子。

哨声响起，作为第一棒的儿子和其他选手一齐沿着弯道跑了出去。在离队友还有几步之遥时，他“顺利”地被所有选手超过。原本在我看来，这已经算是成功，因为他和其他选手差距很小，如果后面三个孩子靠谱一点儿，他们队应该不至于跑最后一名。

可糟糕的是，在交出接力棒的瞬间，没看清是儿子没递好还是第二棒的孩子没接住，总之其他各队都跑远了，儿子的队友还蹲在地上捡接力棒。当然这都是一瞬间的事，愣神的下一瞬，比赛已经结束了，完全没有奇迹发生，儿子这一队是最后一名。

基于对整体氛围的提前认知，我觉得孩子们肯定都不会太介意结果，看到几个小家伙也都面色正常，我就放下心来。

离我和韩先生站立处不远的地方，就是奖牌颁发点。我看到儿子和队友一起前去那里，看热闹一样围观前三名的 12 个孩子，他们每人都戴着奖牌，虽然自己两手空空，但他脸上的小失落转瞬就消散了。

我拉着韩先生说：“看过儿子可以放心去接二胖（我女儿的小名之一，又叫濑濑、濑子姐）了，想来这种不争的氛围也挺好，这要是放在咱们当年学校运动会，掉棒这种事，不被老师责备也得被队友骂。”

韩先生却神色凝重地说：“不对，我总觉得儿子情绪有问题，他跑去洗手间半天没回来，这不对劲，我得确认一下才能走。”

我们又等了五分钟，就在韩先生快步走向大草坪另一角的洗手间时，才远远看见儿子走走停停地出来了。韩先生喊他，他低头不应，走得更慢了。等到他磨蹭至我们面前，他脸上涂的油彩有些褪色，表情带着一点儿强忍的小倔强。

韩先生轻声问了一句：“Michael 钱儿，你怎么了？”儿子一把捂住小脸，蹲在原地无声地哭了起来。我知道他想努力克制自己，但眼泪还是密密地顺着指缝滴了下来，看得我无比心疼。我赶紧问他：“有谁说你了吗？说了什么不好的话吗？”

儿子起初不肯作声，韩先生示意我让他自己哭会儿，然后又轻轻问：“Michael，你想跟爸爸妈妈说说发生了什么事情吗？”儿子终于抬起头说：“我们队友说我了。”我忙追问：“说你什么了？”儿子委屈地说：“他说……他说我们输了比赛，都怪我。”话音刚落，他又哽咽了。

我肚子里一万句安慰的话已经备好：

——你已经尽力了，又没有人教过你们，妈妈小时候跑接力赛前，老师都专门带着我们练过无数次交接棒，就这样妈妈都掉过棒，下次就好了嘛……

——你没递好，后面那个同学也没接好啊，这本来就是两个人的事，不能都怨你啊对不对……

——重在参与，比赛结果不重要嘛，干吗那么计较……

——掉棒怎么了，他们后面跑得也不够快，不然他们跑快点儿也能追回来的，team work（团队合作）嘛，本来就应该互相担待……

做母亲的这份心疼，让我理智尽失，我只想着怎么能让我儿子赶快开心起来。

但在我一句话都没来得及说出口的时候，韩先生浑厚而又欠揍的声音，已经“砸”进了我和儿子的耳朵：“Michael，你们同学一点儿都没说错，这件事本来就全怪你啊，没什么好委屈的。”我一口老血涌上心头，真想脱下鞋子甩到韩先生脸上。你会不会安慰人？不能对儿子抱有同理心吗？

果然，听了韩先生的话，刚止住眼泪的儿子，又哭了起来，这次他哭得更凶了。等他情绪稍稍平复，韩先生把他搂在怀里问：“同学除了这句话，还说了别的吗？比如带有侮辱性质的不好听的话？”儿子摇摇头说：“只说了这一句，但我觉得很委屈。”

韩先生点点头说：“首先，爸爸觉得你们同学很棒，在这种情况下，没有说任何不好的话，是很好的队友，你没理由怪他。

“其次，这件事我们需要反思，问题出在自己身上，咱们就应该认错。比赛前你完全没有放在心上，对项目也没有了解，掉棒并不意外。另外接力赛中，接棒那个人要专心努力快跑不耽误时间，交棒那个人就应该竭尽全力，确保接力棒准确迅速地交出，直到队友接住才行。所以第二棒也没有责任，错就在你，比赛输了也都怪你。”

神奇的是，听到这里，儿子反而不哭了，他眼睛越瞪越大，情绪竟然迅速平复下来。他神情专注地听韩先生说完，眼巴巴地问：“爸爸，那现在我该怎么办呢？他们再怪我怎么办？”

韩先生笑笑说：“不要等别人再来责备你，你去主动道歉，跟你的队友说：‘这次的事情错都在我，是我掉了接力棒害大家输了比赛，我很抱歉，以后一定会努力不再出现这样的情况。’爸爸相信你的队友都会原谅你的。”

儿子脸上又灿烂了起来，他用力点头说：“下次我肯定不掉棒了，我要跑得很快。”

韩先生说：“喊口号是没用的，说到底还是技不如人，咱们还是缺乏锻炼，与其在这里豪言壮语，不如回家埋头练习。”儿子大喊：“好的，今天放学回家我赶快写作业，然后咱们就跑步去。明年运动会，我不但不会掉棒，还要跑得很快很快，等着看吧。”

当晚儿子写完作业，就拉上爸爸，跑步、仰卧起坐、骑自行车……开始做各种运动。

明年运动会，还有没有人敢让他跑接力赛，我不确定。他能主动坚持运动多久，我也没把握。但我非常坚定地相信，他已经清楚地懂得该如何做一个为自己行为负责、敢于担当的人。

去接二胖的路上我问韩先生：“为什么不顺着儿子去安慰他，而要实话实说呢？看儿子哭我心都碎成八瓣儿了。”

韩先生说，他不认为一味地顺着孩子，甚至无视原则，没理找理就是爱护孩子，孩子本没有那么脆弱，就是大人们一次又一次地替他们把经受挫折、打击和历练的机会都阻挡了，才导致孩子越来越说不得，也经不起风雨。

“男人嘛，跑个步都能把接力棒掉了，说两句怎么了？我要是他队友，不踹他两脚都算客气了。”听他这么一说，我不能赞同更多。好险！幸亏那天我穿了系鞋带的鞋子，穿脱不便……

孩子之间的相互影响，远远超过父母讲一万次大道理 *

这两天钱儿过得很煎熬，因为他在戒饮料，像他自己说的："我也要像我同学那样，只喝白水——Water is good, Coca is bad（喝白开水健康，喝可乐不健康）。" Coca 代表一切他爱喝的甜的饮料。这件事听起来挺普通，可真做起来却不容易。

比如，昨晚带他上课外课，往日下了课他总要想尽办法让我们给他买一瓶冰红茶，以解他对这些饮料无比强烈的渴望。昨晚下了课，他很罕见地什么也没跟我提，我也想看看他会怎么做。

等走到每次买饮料的自动售货机前，他站住了，没有转头看，只轻轻叹了口气，然后径直往前走去。我在后面一边很想笑，一边有点儿心疼他，于是开口问他："钱儿，我看你今天上课很努力，也累了，要不奖赏一下自己，来一瓶冰红茶？"

他一下站住了，手开始使劲儿摸脑袋，一看就是极为纠结。想想我这当爹的也是真不应当，孩子本来都已经过了这一关，我非给拽回来，这不是没事儿找事儿嘛。

有时候当家长的就是这样，自作多情，说是心疼孩子，其实却在扯孩子后腿。我心里默默埋怨着自己，但是也做好了给他买一瓶的准备。

这时候，就看他使劲儿一甩手："算了，爸爸，就像我朋友说的，Coca is bad，我要做对自己有好处的事情，我们走！"说得那叫一个决绝，然后大踏步走了过去。

上了车，小家伙从包里拿出临出门我给他带的白开水，咕咚咕咚一直在喝。我说："你慢着点儿，你这是赌气呢吧。"但打心底说，我很佩服他，不是因为这一瓶冰红茶，而是他发愿做一件事情的勇气和坚持。同时我也很感慨，孩子之间的互相影响真的可以大到这种程度，远远超过父母跟他讲一万次道理。

事情的原委是这样的。有次他的几个朋友来家中 sleepover[①]，给他过生日。其中一个德国小朋友，给我留下很深刻的印象。因为这个孩子非常自律，或者说，心里非常有数。

我本以为孩子们凑在一起，那当然就是要尽情撒欢儿。为了让他们尽兴，我也是准备了从巧克力到薯片等各种零食，外加从果汁到可乐等各种饮料。

晚上吃饭的时候，其他孩子包括钱儿，毫不犹豫地选了自己最喜欢的饮料，唯独当我举着一大瓶果汁来到这个孩子面前，他很礼貌地冲我笑着摆摆手。

"噢，你想喝可乐吧？"我马上给他换了瓶可乐。

"对不起，"他说，"我能喝白水吗？"

"说真的，你是对这些过敏吗，果汁也不喝吗？"

"不了，给我一瓶水就可以。"

我当时还感觉有些扫兴，心想这孩子可真奇怪，我还没见过在生日会上拒绝饮料的孩子。

当晚他们吃完了饭在屋里玩儿的时候，我注意观察，其他孩子请他

---

① sleepover，儿童或年轻人在家里举办的过夜聚会。——编者注

喝果汁，他象征性地喝了一小口，零食基本不动，剩下的时间只是偶尔喝水。

这个过程中，我没见他有半点儿纠结，非常淡定，但是他和钱儿他们玩儿得倒是很尽兴。我发现他真的很会玩儿，很多玩具到他手里都能被他玩出花样。比如一个简单的指尖陀螺，他把它完全拆解，然后再一个一个零件组装起来，看这些零件在陀螺运行过程中发挥什么作用，很让人吃惊。

玩着玩着，这个孩子忽然走到钢琴旁，很礼貌地问我他可否弹一下，我说当然可以。他在钢琴旁坐下，特别投入地弹了起来。他不是特别会弹，指法不太对，曲子弹得绊绊磕磕，但他极为认真，而且很淡定，并不关注别人会如何谈论他的琴技。

两首曲子弹完，大概花了十分钟，他盖上钢琴，重新跟其他孩子去玩儿了。我很奇怪，不知道他这是闹得哪一出，本以为他想给大家展示他的琴技，活跃一下气氛，但看来不是这样的。

就这样到了第二天早上，孩子们起床后，我又故意拿着果汁来到他面前，问他："你要喝果汁吗？"他依然微笑着跟我说："不了，可以给我一杯水吗？"我笑着摇摇头，给了他一杯水。

我们计划早上由我带他们去看一场电影，在走之前，他又走到钢琴前，还是弹奏昨晚那两首曲子，十分钟，又来了一遍。虽然弹得仍不流畅，但是比之前好多了。

我问他平时是否在学钢琴，他说他并没有学钢琴，只是喜欢弹，最近在练这两首他喜欢的曲子，希望能完整弹下来，因此他要求自己每天至少弹一遍。

我心里暗自赞叹，这个孩子真的很自律，在这样的环境和氛围下，还没忘了自己该坚持的，他深知每天坚持、积少成多的道理。

这之后，我带孩子们来到电影院，几个孩子笑着，闹着，开心极了。这时候，又发生了一个小插曲，我给每个孩子买了一份爆米花和饮料套餐。我认为，在电影院吃爆米花、喝可乐是天经地义的事情，是看电影不可或缺的一个环节。

但是当我把可乐递到那个孩子面前时，他看了看我，摇摇头："可以帮我换成白水吗？"

我当时脱口而出："why（为什么）？为什么你不喝这些呢？"

他看着我的眼睛，很认真地说："Because coca is bad（因为可乐不健康）。"我很难形容我当时的感受，是的，Coca is bad！谁不知道呢？但是喝一点儿又何妨？

只是当这个孩子以这样的方式说出来时，给我的触动非常大，我一下子对这个孩子生出敬佩之情。

是啊，普通人可能都像我想的那样，Coca is bad，但是喝一点儿又何妨，尤其是在朋友面前，又是在电影院里，不喝好像还煞风景，即便有那么一点儿 bad 也不会影响大局。但岂不知人就是在一步步一点点妥协的过程中，失去了坚持下去的动力和勇气的，因为我们可以给自己找的理由太多了，多到我们自己都认为坚持是不可能，甚至是不应当的。

而且不就是一瓶可乐嘛，我们大多瞧不上这样的小事情，无关大局，无伤大雅，遇到大事的时候我们自认一定能分得清，能坚持得住！真的能吗？我不禁给自己打了个问号。所以这个孩子的坚持才这么让我动容。

他说完这句话，我呆了半晌没说话，其他几个孩子说话了："算了，我们也喝水吧。"Coca is bad，他们重复着这句话。你瞧，就这么简单的道理，你想通了，就不纠结了，我立刻给他们换了白水。几个孩子高高兴兴地进了电影院。

从那天起，钱儿开始戒饮料了，有点儿纠结，但却很坚决。我在感叹孩子间的互相影响之巨大的同时，更有感触的是：你最不看重的小事，却体现了你对待人生的态度。在这样的小事上，能找到你人生中开悟的时刻。对孩子，对大人，都是如此。

第 2 章

摆脱所谓“教育正确”

“一着不慎，满盘皆输”，

很多人把这句话作为人生忠告送给孩子。

殊不知人生并不只有一盘棋，输了这盘，

还有下一盘，再一盘……

当你想通了这个道理后，就不会执念到底了。

该努力的，自当坚持，而凡事是否要均衡地在第一时间做到淋漓尽致，

我觉得未必。

带着家有学霸的心送儿子去考试，结果被实力打脸

有一次，我给儿子安排了一场标准化的课外英语考试。因为跟报名老师早就认识，她说以她对儿子的了解，绝对能考很好。这大概也是我的心理预期吧，毕竟他一直成绩还不错，又天天走到哪里都捧着书在读。只是一场同年级水平的考试，刨去粗心丢的分，刨去不会的部分，依然有大概率能考得很好。

考试那天，儿子简直是光速答完题，别人还在挠头奋战时，他“小人家”已经捧着本课外书读上了。我心知大事不妙，八成是要坏菜。韩先生这种凡事永远向阳的人，还笑嘻嘻地讲“说不定是题太简单，我儿子轻松搞定呢”。

结果就是被分数实力打脸。虽然没有很差，但也不怎么好，至少与孩子日常所呈现出来的状态，是非常不匹配的。在网上得知成绩的那一刻，我们正带着孩子们在日本的环球影城游玩。我和韩先生商量了一下，决定让孩子先尽兴玩儿，晚些再告知他也不迟。

晚上回到酒店，我们吃饱喝足与他讲了此事。他愣了一下，继而是努力表现出一张“云淡风轻”的失落脸。我们问他是否想一起复盘测试，他点点头说：“我真的觉得题挺简单的，不知道为什么会这样。”

我告诉他：“电脑系统出题的原则是以你的年级作为起始点，做题过程中随时调整难度。如果这种难度的题你连续出错，系统就会自动降

低难度，题就越来越简单；如果你答题出色，它会给你自动升级难度，是很智能的。而你觉得题目很简单，极有可能是因为你时常出错，系统就自动降低了难度，这样总评分当然会受影响。”

儿子苦笑道：“电脑竟然这么聪明。”我应他：“谁说不是呢。”

我们一起分析了一些他可能存在的知识结构问题，也总结了一些因缺乏考试经验而没能掌握的答题策略，感觉还是谈得很透彻。

临睡前，他突然很贴心地说：“谢谢爸爸妈妈，今天没有在环球影城就告诉我这件事，所以我玩儿得很开心。下次考试，我不会大意的。”我和韩先生十分感慨，不管怎样的遗憾，都抵不过孩子开始明白你的用心的那份欣慰。

耳边响起了轻柔而规律的呼吸声，韩先生问我：“你打算怎么办？”“我想想。”

接下来的几个月时间，我开始发奋研究。是的，不是儿子，而是我。我奋起了。最初，我完全处于“打鸡血”状态，一副典型的受刺激老母亲形象。

我每年很大一部分开支都用在买书上，只是以前很多书都是为自己而买，想看看教育理念和结构，找到一些可以借鉴的东西来武装自己，不至于在孩子能用到的时候一问三不知，但我并不会每套理念都从头到尾向孩子灌输。而此时，我钻进书堆里研究该如何给孩子补课。

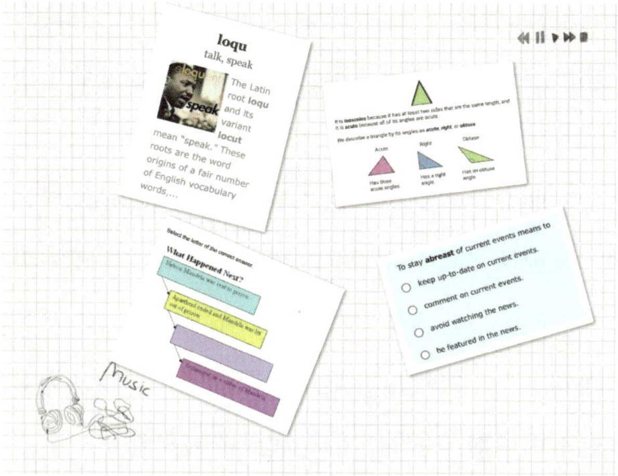

我把之前买过却很少用到的各种在线阅读和课程，都钻研了一遍，把身边朋友们的孩子的线上线下辅导班也全打听了一遍。都弄明白后，我反而冷静了下来。

好书千千万，好的在线教学方法数不尽，五花八门的培训班应有尽有，谁的网盘里还没存着几个TB[①]的教育资源了？可时间就只有那么多，孩子的精力就只有那么多，都给你，你能塞进去多少？更何况，他们的人生你可以参与，但永远不要尝试成为一个主宰者，能当个帮手而不喧宾夺主，就很了不起了。

这次考试是个极好的暴露问题的机会，但却并不能成为判定孩子能力的唯一标准。因此，我与韩先生统一了思想，决定既不送他去辅导班，也不实行“题海战术”，而是把我的“研究成果”跟儿子讨论一下，先听听他的想法，再做决定。

①计算机存储容量单位，1TB=1024GB。——编者注

以前我一直觉得，儿子是个凡事看淡的孩子，上进心不那么强，自我要求较低，因此特别容易快乐。可看过我囤的各种书籍和在线课程后，非常出乎我们意料的是，他不但完全不抗拒它们，而且饶有兴致地就动手做起来，还边做边说："我可不想下次再考这个分数了，我想努力一下试试。"

最初，有的地方让他觉得有点儿难，这虽然未必是导致他测试成绩偏低的原因，但也从侧面印证了他的知识结构确实有较为明显的漏洞。

做了几天，他的信心有些受挫，我联系老师把他的学习难度调低了一个年级，回到了三年级程度。难度看似降了，但我认为对他打牢基础大有裨益，更不用说对孩子的自信心起到的鼓舞作用。

果不其然，他这下得心应手起来。每天做十分钟到二十分钟的题，根本不用我监督，自己就按部就班地读啊，做啊。

有一天，我与老师进行了沟通，她发消息说："看后台数据，你儿子的表现很不错，词汇量大，又能坚持。这种情况换作我接触的一些家长，可能会给孩子升到五年级甚至初中的难度，为的就是让孩子赶紧超前多学。难得你这么'佛系'……"

手机屏幕这边的我暗暗脸红了。我亢奋得人都差点儿冲锋上前了，好在后来及时悬崖勒马。也许超前学习适合一部分孩子，但我知道，那并不适合我的儿子。

过了一段时间，老师还是建议我们把难度升回四年级，此时儿子已经完全不再觉得有困难了。

再后来，他开始同时看几种不同的资料，有讲词汇的，有讲阅读的，还有关于科学的。线上线下，网络和纸质书，让他进入了一个全新的世界。

四月初的假期，有一天我带他和妹妹去书店，他照例是一脸陶醉地趴在地上看书。临走时，他挑了两本厚厚的章节书，老老实实地把喜欢的几本漫画都放回到架子上。

我知道他是投我们所好，便问他为什么不要漫画了。他很诧异地抬头说：“我以为你们不会给我买漫画了。一来家里已经有很多了，二来老师都找你谈过两次话了，说我不能总看漫画，对写作有影响，让我看带字的书。”

我和韩先生相视一笑，拖着他去寻回那两本被他犹豫数次才放回到架子上的漫画。韩先生声如洪钟地吐出一个字：“买！”儿子欢天喜地，一直读到深夜，甚至抱着书睡着了，连灯都忘了关。让我甚是欣慰。

当儿子的绘画老师说他画画下笔果断不犹豫，而且特别有创造力时，我会为他自豪，我会想这么多漫画真是没白看。可当我去书店时，又会本能地想，买的书字越多，图越少越好，这样才是提高阅读水平的方式和体现。

我就这样拧巴着，时常禁锢在所谓“教育正确”中。突然有一天，我幡然醒悟，意识到咱们这些做家长的过来人，从小在老师和父母“不许偏科”的督促声中，几乎无一例外地依然会或多或少偏向某一方面，无法自控。

但在自己做父母后，我们是不允许孩子偏科或者说出现短板的。我们希望孩子德智体美劳，语数外加上特长样样精通，缺什么立刻补上，分秒必争，根本等不及孩子自己先纠结而后舒展，先碰壁继而奋起，更由不得孩子失败。

“一着不慎，满盘皆输”，很多人把这句话作为人生忠告送给孩子。殊不知人生并不只有一盘棋，输了这盘，还有下一盘，再一盘……当你想通了这个道理后，就不会执念到底了。该努力的，自当坚持，而凡事是否要均衡地在第一时间做到淋漓尽致，我觉得未必。

第二天，儿子很早就醒了，爬起来就抱着书继续看。早餐时，他突然问我：“妈妈，对于写作，你有什么建议？”我一愣，问他怎么突然想起问这个。

他说：“既然你们还让我读漫画，那我得为写作做出一些努力，这样才公平。”韩先生扑哧地笑了，像只大熊一样，递给我的眼神带着无尽的骄傲，还有对我的小贬损，仿佛在说：“我儿子，就跟你说错不了吧！”

我们探讨了一下他的瓶颈到底在哪里，然后结合他的特长，讨论出一个简单易行的方案，类似精读，却又比精读要求更高一点儿。这要求他读完后，能够用接近原文，但不必逐字背诵的方式，来复述所读内容。

这样做，并非让他进行知识记忆，而是帮助他迅速构建起行文结构，并妥帖地使用各种连词，以及将漫画语言的最大问题——以口语词组和短句为主，向写作所需的书面语转化。

我们之所以在众多方式中最后确定了这种，是因为儿子记忆力特别好，他认为这种方式难度最小。于是，每天差不多花上十五分钟，我们就能连读带复述做完任务，通常就是复述一篇文章的四五个段落，不长也不难。

后来我发现，他几乎能一字不错地将原文背下来。问他原因，他说读两遍就记住了，并不觉得难，因为搞定了就可以去画画或者看漫画，一想到这里就更容易记住了。

这些事情就慢慢坚持了下来，他每天花费的单项时间都很少，并且各项事情交替进行，每天只选两项，并不会什么都做。

我们此前一直都在做精读，每周会有两三次，然而直至此时，我才看到他的写作真的有了起色，开始使用明显的复杂句、倒装句和描述性语句，书写也越发规整起来。

后来我去学校帮一个妈妈送东西，正巧遇到儿子的班主任。老师很热情地对我说：“今天刚刚上了写作课，Michael 状态十分好，写得很不错，相当有进步呢。”

我把儿子唤到身边，看着他又快踢破的鞋头，一字不落地将老师的话转述给他，儿子身板儿笔挺地昂着小下巴回教室了。

下一次考试，他的成绩也许会很好，也许依然不乐观，不过无论怎样，我已经打过“鸡血”了，在他自己“打鸡血”之前，我不会再有丝毫焦虑。我会继续和韩先生一起武装自己。当孩子需要时，他会发现，父母是很好的拐杖，拄上便能助力前行，只是发力依然得靠自己。而当孩子不需要时，我俩就带着一身本事，哪儿凉快就待哪儿去。想想，就觉得美得不得了。

慢养的孩子，却让我看到快进的结果

放假前拿到儿子的学期成绩报告单。因为没有横向对比，所以只能对照看看跟他上学期的成绩有什么进退变化。儿子十分淡定，因为有些科目比他预想的竟然还好。而我和韩先生，也觉得整体满意。即便看到个别小分有那么一点点拖后腿，也相信孩子心里更清楚，不需要多说。

早上刚一睡醒，儿子就钻进卧室，跟我聊上周刚买的《双城记》（*A Tale of Two Cities*）。那是全本的英文原版书，儿子说刚看了几十页，决定暂时放弃，还是回去看 Classic 版（给青少年的简化版）。

他说这些话不是来征求我的意见，只是正常告知。我追问了一句他做决定的原因，他说："开头介绍部分太烦琐了，看着有点儿累。"我笑笑说："挺好，怎么舒服怎么来。"他走出卧室前回头说："事实证明还是你说得对，直接读全本压力太大，先读 Classic 版，再往上读更合适。"

越发觉得，孩子可以慢养，但养的是慢下来的心，而不是慢下来甚至停滞不作为，大撒把地行动。即便如此，孩子或许会回报给你一个快进版的结果，或许并没有。但无论怎样，你都会看到他们越来越独立、自信、有主见，以及萌生出拼搏向上的主观意愿。

谈到这个话题，我想起一段往事。

有天放学回家，儿子没有例行从学校带每天的阅读书回来。问他原因，他一笔带过地告诉我："老师说我达到 free reader（自由阅读）

程度了，从今天起不需要再从学校带书，回家自己想读什么就读什么，每天写读书笔记就行了。”

学校里的学霸很多，所以我估计班里大多数孩子肯定早就达到了这个程度，而我们只是比正常进度略慢，因而并不觉得意外。无论怎样，我总是为孩子的小小成就而开心。

心里唯有的一点点遗憾是，学校的书，无论难易程度安排，还是类别交替，都既科学又经典，能达到良好的循序渐进的锻炼目的。如今可以自由选择了，肯定不能由着孩子读那些打发时间的书，因此选择和安排的重担，就得落在家长身上了。

于是我和儿子开始以周为单位制定书单，他每天倒是按进度读完，然后写笔记，一切都挺顺利。但我观察他所写，心中总觉得他的实际水平并没有老师评估的那般好，因此决定找机会跟老师谈谈。

时机来得很巧，一天去学校取东西，我正好碰到他的副班老师。非常出乎我意料的是，她告诉我，班里竟然只有三四个孩子达到了 free reader 程度，大部分孩子都在兢兢业业地按照学校的书单每天继续读着。

我详细询问了进度的评定和考查标准，老师告诉我，最初会有一个测试，确定了孩子的阅读级别后，就以此作为起点，按照固定书单往下继续。简言之，同时开始按书单阅读的两个孩子，一个从中级开始，一个从高级开始，那肯定是后者先达到终点了。儿子成绩较好，因此起点定得较高，又每天都能完成阅读计划，进度一点儿都没落下，所以就升级了。

这基本印证了我心里的猜测，虽然完成了书单，但从孩子的写作输出来看，大量阅读并没有转化为大量的产出，他的阅读难度与写作质量，完全不成正比，因此我并不认为他真的达到了扎实的 free reader 水平。所以我问老师是否可以让他返回低级别，让他重新阅读学校的书单，继续每天带书，同时我们也会帮助他选择一部分进行精读。

老师非常意外，她有点儿犹豫，但继而又说："如果您这样说，那么我也来说说我的看法。首先，家长自己提出让孩子降低级别，这实在比较难得。其次，从读书笔记来看，他是班里读书最多的孩子，甚至连课间户外活动，他也经常在抱着书看。但是，通过课上观察，我也确实认为外教给他定的级别略高，可能是源于他最初的考试成绩确实很好。我赞成您说的，他更多地关注故事情节，而对写作的基本要素，比如一些情景、环境、人物心理的描写，却并不太关注。对于 formal and informal language（正式与非正式英文），他有时也不能驾驭得很好。"

因此，老师也赞同儿子继续"书单＋精读"的计划，只是她怕儿子刚被告知升级不久，再重新开始，会打击他的自信心。这我一点儿都不担心，以我对儿子的了解，他完全不介意也不了解别人的进度，只要不告诉他降级，继续带书回家读他不会有异议。于是我和老师商定，告诉儿子他进入了 free reader plus（自由阅读附加计划）阶段，他肯定能接受。

果然，两天后，儿子又开心地带书回来了，皆大欢喜。

解决了学校方面的问题，我开始考虑我们在家能帮他做什么。每天学校指定的一本书，平均页数在 100 页左右，他基本都能当天完成。但在这种阅读速度下，确实只能关注情节，很难注意细节，因而导致他缺乏思考和总结。可同时，保持阅读精度这件事，是需要有人陪伴和引导的，每天这么大的阅读量，家长想提前备好课陪孩子，可行性也不高。

此时如果降低阅读量，单凭孩子自己，是无法进入精读状态的，反而可能因为强度降低而变得懒散。所以思来想去，我觉得可以在保持现有阅读量的情况下，通过深度讨论，让孩子自己去书里找他需要的东西。

方式上，我们从两个角度切入。第一，在他每天给我上的数学课中，加入更多互动元素。第二，每周安排一到两次精读，外加拓展话题的深度讨论，并付诸文字。

这听上去有点儿烦琐，但执行起来我却无比享受和庆幸。曾经觉得自己已经关注孩子很多了，可在这个过程中，我才发现，从学过到学会，到会用，再到成为下意识，中间要经过很多路。你不能告诉孩子怎么走，更不能替孩子走，但却至少可以扶他们一把。

他做老师、我做学生的数学课

数学课原本是为了帮他填补知识体系中的漏洞而为之。一年级的部分，我们已经基本完成，作为老师，儿子十分尽职，为了给我讲解明白，他开始对题干格外上心，对题目中的小小陷阱，也都能及时识破。做一个主动的讲解者，其收获远远大于做被动的接受者。

但这些知识他是不是掌握牢固了呢？未必。所以作为学生的我就对老师提出了疑问：“为什么我不用做作业呢？”儿子一拍大头：“对啊，这不行。”很快，他给我专门的笔记本，又准备了作业。

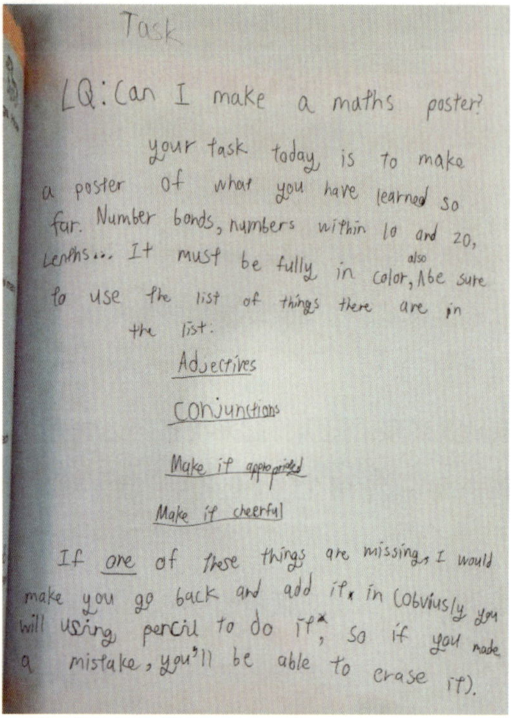

儿子要求我做一张数学海报，里面要包含所学的数学知识点。海报要做成彩色的，还要使用丰富的形容词和连词，用词要得体，内容要有趣，达不到要求会被退回返工。海报还得用铅笔，这样错了可以改。

作业的描述、对细节的要求、完不成的后果，以及背面我没拍的交作业截止时间，一项也不少。为了写这份作业要求，他参照了之前学校给他们布置的作业，又结合了我们所学的数学知识。最终呈现出这个结果，我觉得我要求他关注细节、思考和总结的目的就达到了。

做这件事孩子为难吗？痛苦吗？一点儿也不。他无比热情地张罗着写好要求，颇有些想难倒妈妈的小心思。他还安慰我说，给我时间比较宽裕，做不好可以随时问老师（也就是他），未来他还会经常布置类似的作业，让我做好心理准备。

深度话题讨论

原本我选择了一些日常生活话题想跟他做一些拓展性讨论，但正巧那周学校有话题性作业，我们就以此作为素材。学校要求针对曾去过的一个国家或城市，写出游客对那里带来的正面影响和负面影响。

儿子就此写了一个初稿，他选择的城市是洛杉矶。最直白的方面，他能表述清楚游客增多给一个城市旅游业带来的经济益处，就是游客多花钱，当地商店和制造商品的工厂都能赚钱，而负面影响呢，就是人太多了，车多导致交通拥堵（其实这些题干基本都给出了）。除此以外，他就想不出来了。

我没有直接跟他讨论洛杉矶的旅游市场，而是跟他扯闲篇。我问他："你们几个上次去日本同学家玩什么了？"儿子说："我们穿她家的木屐赛跑了，我们几个都跑不过她。我们还吃了她妈妈做的饭团，比你做的紫菜包饭还好吃。"

我又问他："过新年时，让你去邻居家送什么了？"儿子想了想说："去送饺子了啊，Vivi（一个美国孩子）说她从来没见过饺子，开始不敢吃，后来吃完又跑到咱家来要。"

"所以，木屐和饭团算是日本的一种……？饺子算是咱们中国的……？"我又问他。他想了下说："哦，应该算是 habits and culture（习惯和文化），别的地方没有。"

我们继续讨论："每次回老家，去海边喂海鸥，我们经常看到海面是什么样子的？"儿子想也没想地说："好多塑料袋，脏死了，这样鱼和其他海洋生物就没法生存了。"

“噢，”他立刻想到，“游客多了，可能会乱扔垃圾，污染环境，我看见好多人乱扔瓶子。”我又补充说：“当然也会有不讲公德的本地人，所以乱扔垃圾不能全部归咎于游客，但客观上，游客多了，污染环境的风险会增加。”

我们前后讨论了一个多小时，以上只是儿子能用于写作的一部分节选对话。这是一个看上去很耗时，原本三言两语就可以告诉孩子结论的事情，可通过讨论，它就完全是孩子自己的思考和总结了。

整个过程中，让我欣慰的是，读了这么多书，孩子确实受益匪浅，所以他的知识积累还是不错的。但让我略感抱歉的是，因为过于相信他的自主能力，所以其实生活中跟他的讨论还是相对少了些。很多孩子知道的事实，无法化成逻辑链条中能够供他们调遣的素材，很快就会被淡忘。当所有的阅读都成为消遣时，爱读书这件事，很可能到头来只剩“读”这个动作了。

当我们讨论完，他重新写了二稿，观点有了，结构也过得去，但从头到尾，句式非常单一。所有的论述观点都是“In my opinion（在我看来）”，所有的开头都是“There be（有）”句式，所有的转折词都是“so（所以）”……

我跟他说，关于写作，我的要求是同一个词在一篇文章里不出现第二次。除了排比句，同样的句式，也尽量避免重复使用。他觉得这种说法比较抽象，于是我们就随手找了一本书，一起看作者如何表达观点。

除了最常用的“I think”，儿子还在书中发现了“I believe”“I agree that”等句式[①]。我又给他举中文的例子：

①这几个句式都是“我认为……”的意思。——编者注

我和 Michael 去商店。

我们去商店买牛奶。

我们去商店买蔬菜。

我们去商店买水果。

我们去商店买饮料。

儿子大笑着说：“除了妹妹，哪有人这样说话？”我说：“你看你写的，就是在这样说话啊！”儿子凝神一看，立刻了然：“我和妈妈去商店，先买了牛奶，又挑了蔬菜，给妹妹选了水果后，还买了妈妈喜欢的饮料。”连词准确，动词不重复，他爸爸给他的中文启蒙做得真让我服气。

回头再看他写的英语作文，几乎每句开头都是在洛杉矶会怎样怎样……他说可以自己调整，我就等来了他的第三稿。这次他用的句式和词汇就比原来丰富很多，几乎没有重复使用，观点虽然很浅，但也都表达清楚了。对一个三年级的孩子来说，我觉得很棒了。

这种讨论，后来在我们家慢慢多了起来，虽说总喊着以平等身份去看待孩子，但很多时候，我们是不太会跟孩子讨论日常话题的。而一旦开始讨论，你会发现，这对他的中英文写作，乃至他看世界的方式，都有很大帮助。

有时候韩先生带儿子去给车做保养，会和他一起聊关于车的话题。我带他去超市，我们也会聊聊物价和过度包装，以及除了距离原因，为什么我们会格外喜欢来这个超市，而不是周边其他的超市。

有一天，儿子用零花钱买了些猫粮和狗粮，在小区里喂流浪猫狗。我对他说：“你的好心妈妈特别赞同，所以爸爸妈妈帮你出一半猫粮狗粮钱算是支持，但长期这样喂它们，从更全面的角度看是不是妥当，我希望你观察之后咱们讨论一下。”

不久后的一天晚上，临睡前，几只猫在我们楼后面狂叫，大人当然知道是怎么回事，但儿子却不清楚。那些猫吵了大半夜，弄得一家人都没睡好。早上儿子顶着黑眼圈说：“如果不是这些猫总来咱们这里吃猫粮，它们是不是就不会在咱们楼下闹了？它们这样叫，邻居们是不是也睡不好觉呢？”

又过了几天，我给他看业主群里别人发的牢骚，因为小区里总有人（当然绝对不止我们一家）喂流浪猫，所以更多流浪猫涌来，有时夜里猛然蹿出来吓人一跳，有时“尾随”人回家。这给有些天生怕猫的人造成了很大困扰。

儿子陷入了沉思，在这之前，他从没想过，自己的善心可能会成为别人困扰的一部分。他问我是不是不喂流浪猫就是对的，我说这也未必。我没有给他答案，而是希望他自己得出结论。他跑去翻书，上网查资料，完全不用督促。

我与韩先生就此有过很多讨论。如果没有深入了解孩子的状况，这段时间应该是一段岁月静好的轻松日子。孩子升级，每天能自己读书，多么省心。可这样看起来我们双方，甚至算上学校的三方都“自讨苦吃”的一系列动作，才是正确的处理方式，也让我们和孩子都更从容扎实。

在一次学校的 wacky day（疯狂日）活动中，儿子自己画了件 T 恤，让我和韩先生都特别感动。T 恤上写着：Have the courage to do what's right！（有勇气做正确的事！）对孩子如此，对成年人亦是难得。

在不少家长都在求快的今天，我们跟儿子的每位老师，无论是学校的还是课外课的，都表述了同样的诉求：我们不追求速度，相反希望他慢下来。没有做好的事情，宁可返工，一步一个脚印，稳稳地向前走。

我很喜欢的歌手梁静茹，她有首歌的名字，或许会告诉我们这样做的结果——《慢慢来，比较快》。

从 0 到 1，大宝走过的阅读坑，看二宝怎么填

最近二胖君爱上了读书，或者确切地说，是终于爱上了读书。这个时间来得不算早，不过完全在我们的意料中。在我和韩先生看来，这一天即便再晚来两年，也没什么可焦虑的，因为它终将到来。

书虫儿子

让孩子热爱阅读几乎是每个家长的愿望。而在第一次做父母时，相信不少人都曾为孩子对书表现出的零热情焦虑过。

九岁多的儿子是个公认的“书虫”，虽然截至目前，他依然没有对那些传统理念中的经典著作和大部头作品表现出兴趣，但他有自己的喜好和坚守，这是让我们十分欣喜的。

最近在与朋友的聊天中，我还意识到一个问题，那就是没有过度干预他的阅读，这反而让他歪打正着地受益良多。其中一点就是，一些他喜欢的系列，因为反复读了太多遍，里面的词汇都烂熟于心，所以他的词汇量拓展极快，英语单词拼写也几乎没用我额外操过心。

儿子学校的老师跟我说他太喜欢读书，户外活动时间经常捧着本书在读，要鼓励他多去做做活动。于是我对闺蜜说：“这于我，应该算是

个幸福的牢骚。一方面我不想他不运动成为书呆子，但另一方面他这样喜欢书，我心中真是欢喜。”

不过在儿子小时候，为了让他读书，我们也经历过操碎了心的阶段。

儿子的阅读之路

儿子说话晚，快三岁了才开始说话，在这之前，他也没有读书的耐心。不论是触摸书、布书、有声书、立体书，还是各种绘本或有情节的故事书，他都不爱看。

对于买书的热情，我一直走在国际前列。那时我到处搜集书单，国际获奖的、国内有名的、口碑相传孩子必定喜欢的、男孩感兴趣的、中文的、英文的……各种分类方式，不论贵贱，我都兴致勃勃地往回买。

有段时间我挺灰心的，觉得付出这么多努力为什么他就是不买账，要么不爱读，要么坐不到两分钟就跑了，要么勉为其难地读一本，却一脸苦大仇深。

后来想想，人在置身事外时都是心明眼亮的，身处山中，影影绰绰地也就迷了眼。就如同小老虎 Leo（利奥）的妈妈说的那样，“A watched bloomer doesn't bloom（指被紧盯着的孩子更不容易开窍）”，总是有所图、有所求地逼着孩子，他们很难“开花”吧。

后来我虽然也会言传身教地给他一些影响，但他毕竟是第一个孩子，想多放手也做不到，所以我们还是花了很多力气，给他讲故事、读书，并力求形成某种规律，达到某种能引起质变的量的积累。

前半程，客观地讲，我始终是带着一种非怎样不可的心理。而后半程，放下了包袱，路反而宽了。可以说儿子对阅读的热爱，正是从这后半程开始的。

当然绝对不是孩子不喜欢就随他们去，彻底放下不管，而是很多时候，物极必反，唯有把兴趣保护好了，才有引导他们长途跋涉的资本。这中间我们会有不少心态和方向上的调整。虽然最终结果是好的，但弯路也确实是走过的。

二胖的阅读之路

有了哥哥这样一个“样本”，到了二胖君，读书这件事，就可以做到有选择但没目的了。

二胖随哥哥，语迟。她对读书这件事的兴趣，时好时坏。很小的时候，她就能坐在小椅子里听上整本故事，但到大一些她反而坐不住了。她“小人家”心情好的话，能一气快速翻上十几本书；心情糟糕时，管你说什么，她早跑掉了。

不过她有个先天优势，家里除了父母，还有更亲近的哥哥总在读书。哥哥常常边吃早餐边举着书在看。二胖也常常勇猛地跳下凳子，狂奔到哥哥房间，搜刮一本书来有样学样。

某天早上我无意间看到，她举了本根本看不懂的《小屁孩日记》——哥哥超爱的书，抠着鼻子自由散漫地看着。

哥哥爱去书店，二胖以前去了总是到处跑，没耐心待着，但我们从不会留她在家里，另一个人陪哥哥独自去书店，每次都带她同去。除了看管累一点儿，在保证不会打扰别人的情况下，没什么不好。

渐渐地，她开始喜欢自己找书看上一会儿，或者是拽上爸爸妈妈讲个故事。如果她中间想起了玩具柜台而跑掉了，我们绝不会硬拉她回来，随她去，也不会对她说“哎，你听我讲完这一本，咱们讲完再去”的话。

这样的结果是，她反而不会在别处流连很久就折返回来。

即便是两岁的孩子，如果你找对了她的喜好，也同样能吸引她很久。二胖是个“海洋控”，看到爸爸投其所好地找了一本关于鲨鱼的书，根本不用强迫她，她自己就跑来看了，那个小表情，完全是一脸震惊。这时你拉她，她也不会走。

阅读中的彼此成就

看似无意，但对孩子的阅读兴趣，我们心中始终会有根弦。

带二胖出去吃饭，或者去宝宝乐园玩儿的时候，只要她在可控的安全范围内，或者换言之，只要我有能玩手机的时间，我就会尽量读会儿书。她每次都看着，但她不会说。只是有时出门前，她去拿自己的小背包的时候，也会胡乱塞本书进去，想起来就拿出来翻翻，慢慢就成了一种习惯。

如今社会大环境中，人容易浮躁，想沉下心来读些书，真的越来越不容易。我和韩先生都喜欢买书，但也不得不承认，读书的速度，从以前的几天一本，到一周一本，再到一个月一本，已经很难规律地阅读。

当然人人都可以给自己找出一堆借口，不说生活琐碎，不提工作艰辛，光是在网上当个称职的“吃瓜群众”看热闹，就足以占据所有能够陪孩子的时间，更别说读书了。

诱惑太多，人但凡对自己动了一点儿恻隐之心，便容易放纵。所以我们总是用“不能跟孩子作假”这个理由，来提醒自己回归真正的深度规律阅读，而非碎片化的浅阅读状态。从这个角度来说，阅读这件事就成了父母与孩子互相影响的一件幸事。

关于选书

与二胖的亲子阅读，让我从儿子已经进入的故事情节相对复杂，或者说至少形式上接近成人书籍的世界里，回到反刍阶段。

我发现成人的刻板印象，或者说功利心，在某种程度上很顽固，也很可怕。

这是一种不自知的强迫症状态，有时人很容易下意识地在看过童书，尤其是低幼童书时，非常意犹未尽（其实是觉得不值）。什么？这么快就完了？就这么几页？讲了什么道理？学了什么知识？这情节太莫名其妙了，有什么意思啊？

然而，殊不知孩子就是在这样简单的重复中，获得认知，找到认同，形成逻辑的，甚至他们对这个世界所表现的那些美好与善意，很多都来自书中这些成人看来没意义，觉得无用的内容。

二胖很喜欢《小动物系列》（*The Little Creatures Series*），因为短时间内去过书店很多次，讲了太多遍，太熟悉了，我就没有买回来。每晚睡前关灯后，我都会和她一起闭着眼睛，回忆着讲，有时我也发挥改编成一些她喜欢的桥段。

她还有段时间喜欢反复听我和爸爸给她讲的故事，所以我们每晚把手机放在枕边，随手录下来，方便她听，也顺便记录她的成长。

在给她讲故事的时候，她看到鱼宝宝和鱼妈妈，就亲昵地抱紧手里的小鱼玩偶表达喜欢。而当她看到书中妈妈和宝宝拥抱时，也赶快和我拥抱亲吻。若她听到故事中的人物遇到问题，就会一直用她有限的词汇重复：“不担心，不担心，请医生帮忙，濑濑帮你。”

我们从来没有跟她讲道理说别人遇到困难要去帮忙，即使这样跟她讲，两岁多的孩子也未必能理解，但这些让人心中柔软的善良，都是她从绘本故事中读来的。于无形之间，不费吹灰之力。

爱上阅读的终极“秘诀”

陪伴孩子久了，你会逐渐发现，关于小宝宝读书这件事，终极秘诀就是“无为而治，交给时间”。但同时，这种无为又大有可为，更值得为之，更需要一些不求结果的决心。

家长应该选那些精心创作的，适合孩子心智发育阶段的，他们自己喜欢的好书，而不是选我们认为必须能学知识、会长本事的书。如果这二者能够重合，那么我们做家长的太过幸运。而若非如此，不妨跟随孩子的步伐，让自己心中的想法先不要急着付诸实践。

我觉得在孩子上学前，他们读书都不必有一个固定模板，不定时间，不定地点，不拘泥于形式，不强迫孩子，唯一可以确定的，就是给他们提供一个好书的选择范围。在此基础上，你若喜欢读，我便在侧，你若不喜欢，我做个爱读书或者至少能读书的父母就好。

最后还有一点，虽然有时候给她讲的都是英语故事，但我使用的都是汉语。她的强势母语尚未建立，所以对汉语和英语都不排斥。但她目前更喜欢看英语动画片，听英语歌，还经常跟着含混地唱几句。

因为有时候我们会在美国住一段时间，受环境影响，类似“Thank you”“1，2，3，go！”之类的简单对话，她都能听懂，开心时也跟着说。但讲故事她会主动使用汉语，所以我从不拂她的意，英语书也配合她用汉语讲。

英语启蒙的方式很多，时间也富裕得很。对小宝宝来说，最喜欢的阅读方式就是最好的阅读，不求功能性的阅读，也就获得了最大的功能性。

孩子这么“笨”，却又这么“努力”，我该劝她认命还是继续

小年前的一个晚上，趁着儿子上滑冰课的时间，我和朋友在冰场旁边的餐馆小聚，她带着十岁的女儿。小姑娘文静乖巧，让人一见就喜欢。

孩子吃饱就跑去冰场看钱儿弟弟滑冰，朋友这才敞开心扉道心事。她说这次期末考试，女儿又毫不意外地考得不太好，虽然班里不排名了，但分数基本就是中等偏下，让她有点儿苦恼。

我心想这种情景最常见不过，孩子考不好，家长心里不爽，见怪不怪。但出乎我意料的是，朋友在意的并非分数低，而是无论孩子怎么努力，都始终不见成绩有起色。这让她有些茫然，也有点儿心疼孩子。

不是不努力，而是太努力却看不到希望

朋友说，她看了很多书，不是教怎么培养天才和学霸的，就是讲怎么鼓舞厌学的后进生的。对于她女儿这种“迷之存在”，几乎没看到有什么好的借鉴经验。

她说女儿若是不认真，不下功夫学习，她倒也释然了。可问题就在于，孩子已经很认真努力了，但成绩总也不见好，一直很稳定地挣扎在平均线下。

自学前班起，每次写字，从拼音到数字，再到汉字，她从来都是一笔一画，用尽全身力气，恨不得纸都要写破了，作业永远工整得一丝不苟。她上课听讲认真，从没有小动作，更不曾走神。课下不会的题你讲给她听，她也很认真地一遍一遍尝试。她从不放弃，只是同样的问题，可能别的孩子即便一遍不成，两遍就懂了，而她往往要讲上四五遍才开始明白，稍微换种说法，马上又傻眼了。

朋友说，智商也测了，阅读障碍也排除了，平日里孩子通情达理，跳舞和弹琴虽不出色，但也坚持得挺像样，外表看不出任何异常，不知道问题出在哪里，可能就是传说中的“笨”吧。

我并不赞同她给孩子贴上这样的标签，于是跟她讲起我与儿子的老师们的一些沟通经历。

有人对学习很擅长

有一次我去儿子学校听讲座，教学组长说了这样一段话，让我印象深刻。她说：“我们并不以学习成绩来评判一个孩子的优秀与否，因为学习成绩好，只能说明这个孩子在目前的阶段，对学习这件事很擅长，跟打篮球好、游泳好、乐器很出色没什么不同，都是某一个方面的技能突出，仅此而已。而单凭一个方面就对人做出判断，显然是不客观的。”

这理念让我十分欣慰，并不是为孩子的成绩不拔尖找借口，只是人生有无限多的可能，有的孩子在学习上开窍晚，也有的可能始终达不到别人开窍的高度，但只要他是一个努力积极的人，总能找到自己最擅长的一面，甚至多面。

不那么聪明的孩子，一样做得很好

还有一次，我跟儿子的数学老师讨论作业时，老师随口聊起那段时间她教学遇到的瓶颈。她说有一类孩子，在一个阶段内找不到最佳教学方案，让人有点儿头疼。

她将孩子大致分为三种类型：

第一种孩子，天资聪慧，学习毫不费力，一点就通。无论什么题目，你讲过一次，再遇到他们便不会再出错，甚至还能找到更好的方法。

第二种孩子，不善于思考，思想比较简单直白，让做什么就照做，不懂得找捷径。一种解题方法你讲过后，他们按部就班，哪怕是换个参数，在他们看来也会成为新题。这样的孩子，思路不灵活，也不善于触类旁通。但解题中该有的步骤，他们会严格遵守，不偷懒，因而也不容易出错。

第三种孩子，就是让她苦恼的瓶颈。这类孩子，说聪明呢，是有些灵气；说思考呢，学习中也确实会有些思考。可问题就在于，他们的聪明程度达不到第一种孩子的高度，却又比第二种孩子勤于思考那么一点点。正是这种介于两者之间的状态，让他们很难静下心来。这类孩子总在评估每件事是否值得去做：这道题我以前做过了，为什么还要再做一道类似的？这种运算方法我会了，为什么还要做新题呢？而事实上，在同质性的练习中，你会清晰地发现，他们对于知识点并没有掌握得很好。所谓都会了，不过是自己一厢情愿罢了。

老师说，当数学学习到达一定难度时，运算的耐性与耐力是很重要的。第一种孩子懂得有张有弛，智慧与技能并用。第二种孩子习惯遵守规则，又愿意埋头苦干。因而他们往往都能进展顺利，不过是进度快慢的问题。而这第三种孩子，要花费大量时间、心力与口舌去帮助他们改变观念，所以走得最慢的，有时却是想不到的这部分孩子。

要相信，你的努力永远不会白费

我问朋友，你觉得你女儿是数学老师说的第几种孩子。朋友毫不犹豫地说："肯定是第二种，虽然她达不到你们数学老师说的结果，但听上去心里宽慰了不少。"我又对她说："或许她只是学习上没开窍，时间没到呢？等等她也无妨呀。"

朋友说，她对女儿倒是有足够的耐心，然而孩子年岁渐长，眼看着自己比别人付出只多不少的努力，却连平均水平都追不到，所以难免失落。有时女儿会说："我是不是太笨了，永远也学不好。"所以朋友很怕孩子失去了信心，不知该如何开解她。

我对她说："在我心中，有一个很棒的女孩，上学那些年，每当我想偷懒时，总会想起她。她是我的初中同学，内向腼腆，话也不多，平日里除了学习，就是画画，是特别典型的乖孩子。我们平时少有交集，只是有两次考试过后，我听老师们私下说起，她那么努力，怎么会考这么低的分数。那之后，我才开始留意起她来。

"每天她都来得很早，却几乎是最后才走，笔记写得又认真又翔实，蝇头小楷，一尘不染，生怕漏掉一个字。课间别人跑出去玩儿的时间，她都用来背课文和单词了。听说课余和周末的时间，她都奔波在各个补习班，比我们大多数同学要辛苦得多。但她的成绩，始终不见起色，甚至有人开玩笑说她越努力分数越低。每次她都是脸憋得通红，却不争辩。

“后来听说，她的父亲是位提前退休的重点高中老师，学校有加分政策，如果她报考那所学校的话，中考可以加 30 分。大家私下都没把这事放在心上，因为以她当时的成绩，别说加 30 分，就是再多加 30 分，她也是不可能过线的。

“中考终于来了，然后大家各奔东西。开学前同学聚会，没有人记得喊她，但却在席间不知怎么提起了她。有消息灵通的同学说，她如愿考上了父亲退休前所在的重点高中，她的中考成绩比分数线不多不少，正好差了 30 分，加分一点儿都没浪费。

“话音落下，所有人都安静了。没有惊讶，没有嫉妒，更没有冷嘲热讽，我相信每个人脸上掩不住的惊喜，都是出自心底对她最真挚的认可与祝福。

“那是我人生中第一次见证并相信‘天道酬勤’这四个字，并且永生不会忘记。”

我对朋友说：“无论对自己，还是对孩子，我始终相信，所付出的努力永远不会白费。也许最终得到的与付出的依然不成比例，但生活总会看到你的付出，给你温暖的补偿。”

我不记得朋友的女儿是在我们聊到哪里时回到座位上的。此刻，她依偎在妈妈身边，认真地听我们的对话，柔顺的长发挽到耳后垂在肩上。

我不知道她听到了多少，又听懂了多少，但我看到那双起初有些黯然的眼睛，此刻透着愉悦而坚韧的光。

让我从小成为英语尖子生的方法，如今在儿子身上发光了

前段时间收到老师发来的英语写作片段。最初我一看文字密密麻麻的，也挺规整，以为这是给的参考文，仔细读过才发现是儿子自己写的。

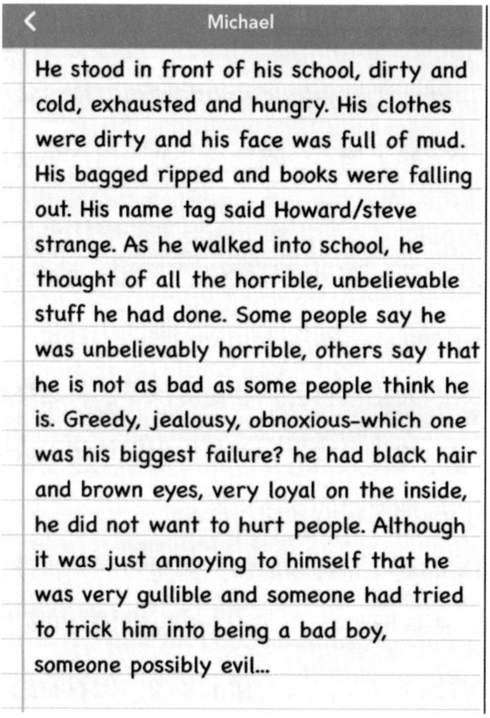
Michael

He stood in front of his school, dirty and cold, exhausted and hungry. His clothes were dirty and his face was full of mud. His bagged ripped and books were falling out. His name tag said Howard/steve strange. As he walked into school, he thought of all the horrible, unbelievable stuff he had done. Some people say he was unbelievably horrible, others say that he is not as bad as some people think he is. Greedy, jealousy, obnoxious-which one was his biggest failure? he had black hair and brown eyes, very loyal on the inside, he did not want to hurt people. Although it was just annoying to himself that he was very gullible and someone had tried to trick him into being a bad boy, someone possibly evil...

儿子放学回来，我问他具体情况，他说他在学习人物描写。虽然老师用投影跟全班分享了每个人写的内容，但最后老师说很喜欢儿子写的，这让他感到意外又开心。

我问他：“你觉得这几个月来咱们在家做的词汇学习、课外阅读，还有复述（背诵），哪个对你更有帮助？”

儿子想了下说：“课外阅读有点儿帮助，因为我读过一篇关于人物描写的文章，里面讲了什么是人物描写，以及大概应该怎么写，所以今天老师讲的时候，我就听得格外明白，也很有信心。不过我觉得最有用的，是你让我背的文章，我不知道是哪篇起了作用，但好像突然就会写了，这些句子自己蹦进我脑袋里，把原来虽然会，但是却串不好的词，都用上了。”

这话说得我心里十分熨帖，虽然我知道一定会有帮助，但没想到这么快就让他看到效果，也没想到当我问他一个大致比例时，他说至少起到了 30% 的帮助。

此时距离我们对他的学习方法做出调整的时候，大约一月有余，虽然书写依然有些小错误，但相较之前变化之大，让我觉得十分欣慰。我应该贴张以前他写的英语作文来做对比，可惜因为经常觉得惨不忍睹，而并没有保留太多图片，所以想想也就作罢了。

正巧闺蜜按我同样的“偏方”给她女儿执行了整三个月，也跑来跟我说，女儿有史以来第一次英语考到 97 分，得意得不行，还报了个英语演讲比赛。我赶紧断了她打包一家四口暑假住在我家，全方位补课的“美梦”。不行，每天自带好吃的也不能收买我。

下面来聊聊我的这个“独门秘籍”——合适时机、合适方式、合适内容和难度前提下的背诵。

自从育儿成为一门专业学科，被无限细化后，一些可能会有效但却不被学界认可，或是有争议的小方法，稍有不慎就被视作洪水猛兽，于是渐渐没人愿意提起了。

如果你跟读过五花八门的英语启蒙理念的父母说，对于那些没有语言环境又需要语言启蒙，或是过了启蒙阶段之后进展举步维艰，再或者是输入与输出总也无法匹配的孩子，试着让他们背点儿英语文章吧，有人就可能跳出来大叫反对："你懂不懂先进理念？还给孩子死记硬背。你学不学习？那会让孩子彻底失去兴趣，再也不爱学英语的。还没启蒙就扼杀了兴趣，你负责呀？"

几个月前，我跟来求主意的苦恼闺蜜建议，让孩子背些小文章时，虽然很委婉地只说是精读后的高质量复述，她依然大惊道："那天还看某某专家说，英语是交流沟通用的，不能背诵。我要真让我闺女背了，万一她以后不会沟通了怎么办，万一她痛恨学外语怎么办？你得帮我，我把她送到你家来你给补课吧，别背了……"

我说专家说得没错，出于沟通和交际的目的，我也不赞成背诵，尤其是那种每天背几句日常对话，没有语境，没有情节，就是硬生生让你背过，这我绝不会让孩子去做。然而学习是由不同阶段组成的，面临的问题自然各异，解决方式肯定不止一种。尤其在孩子的英语启蒙阶段，保护兴趣比进展更为宝贵。况且有绘本，有动画片，有好玩又能学习的App（手机软件），有可以跟着唱跳学词汇的儿歌童谣，那么丰富的选择，就更没有必要背诵了。可到了口语和写作输出时，就需要酌情判断了。

遥记得我初一毕业的暑假，别人都玩儿去了，我妈给我布置了一个任务，背诵《新概念英语》第二册。当年我真是欲哭无泪，对我来说，那基本是背诵天书一样的难度。

第一课，《私人谈话》（*A Private Conversation*），估计学过《新

概念英语》的人没有不熟悉的，我真是恨死它了。不是通篇有几个生词的程度，而是每行认识的词不超过三个。那时连个电子词典都没有，我妈给我一本厚厚的英语字典，我每一课得花差不多两天的时间查单词，然后读通顺，再花一两天的时间背熟。折腾下来，一个暑假就背了六篇课文。我几乎是脱了一层皮，中间不知道哭了多少次鼻子。可是在别人都还只会一般现在时语法的时候，我已经学会了过去式、现在进行时，甚至完成时。

开学后我的英语成绩一下子在班里跃居前三名，单词量迅速增长，还出口成句了。我的自信心猛增，英语学习变得丝毫不费力气，名次一直保持前列。那之后更神奇的是，我妈再也没提背书的事儿，而那本书，我也就背了六篇课文。

人都是这样，越擅长的事，越喜欢做，而喜欢做了，就会更擅长。这样一个良性循环，痛苦的可能只是起步，走上正轨就会越来越顺利。如今回头再看，我会觉得母亲安排的背诵策略是正确的，但选材难度过高，所以如果真正打击兴趣，也是因为太难执行，而非背诵本身这件事。

读大学时，为了考英语专业八级考试，我买过一本小书。因为自己有过背诵的经历，同时对当时的英语水平有较为客观的认知，所以选书时，我对难度的把握就比较有数。

书中的文章都是有点儿哲理的小美文，有几篇我觉得很实用，大约四篇吧，就硬逼着自己背下来了。当时其实也花了不少时间，因为生词虽不算太多，记忆力却没有小时候那么好了。我反反复复背诵数遍，终于记牢，牢固到若干年后的今天，我还几乎都能通篇背出。

这四篇文章给了我什么帮助呢？

其中有一篇讲关于人性的话题。讲到贪婪，文中引用了一句古代圣人的话："At first, it is a wayfarer and a lodger. At last it becomes the master of the house（最初它只是一个过路人和寄宿者，最终它却成了房子的主人）。"讲的是人的内心如何被贪念吞噬的过程。

在我大学毕业前的一次英语课即兴演讲时，因为大家都没有时间提前准备，所以我几乎是下意识地引用了包括这句话在内的一大段文字，老师和同学都十分佩服，最终我得到一个很高的分数，直接使我学年末总分很高，获得了一等奖学金。

四篇文章中还有一篇是关于教育的。谈到道德教育的重要性不该被放在知识学习之后。在我研究生毕业参加留校考试的英语面试时，老师问我对于教师这个职业的看法，我援引了文中大段文字，谈对孩子来说，teaching goodness（道德教育）有多么重要，比 chemistry（化学）、trigonometry（三角学）、geometry（几何学）要重要得多。如果不重视道德教育，而只是单纯追求学科深度和分数，那么以后这个民族就会怎样……

首先，这观点相对于非常套路却未必走心的"我热爱教师行业"来说，视野可以说是完全不在一个级别。其次，这里面用的词汇很押韵，但又不是类似小时候学的 maths（数学）这种看着没技术含量的单词。

因为观点很鲜明，角度又是其他人可能想不到的，所以我很轻松地赢得了考官的好感，给了我最高分，还差点儿要我去外语学院教书。

我认识一个来北京学中文的英国女孩。她从小在英国读私校，提起莎士比亚的作品，简直是倒背如流。我问她读过多少遍，她笑笑说，当然是特意背的，否则要读多少遍才能记得这样清楚！

这些年我曾与很多专门做翻译工作、英语教学工作的朋友和同事，聊起大家的学习经历，或是教学经验中关于背诵的作用和看法。有一位从事英语教学多年的朋友的话，让我印象深刻。

他说：“别说是非母语的英语口语和写作了，你想想咱们汉语其实也一样。很多时候情境和情绪有了，但遣词造句的素材不够，或是你想表达得别致不同，但力有不逮，干着急。人常说‘读书破万卷，下笔如有神’，我这些年发现，有目的、有质量地背诵，不用千卷就够‘如有神’了。”

此外大家还达成了共同的认知：背诵主要是一种阶段性学习方式，而并非由始至终强制性的方式。在良性循环下，背诵对于提升自信心和激励学习兴趣，是非常有帮助的。

我家哥哥喜欢读书，是个“超级书虫”，在同龄人中算是阅读量比较大的。他对科普类图书的兴趣较弱，但也能保持较规律地阅读。他对故事类图书阅读广泛，既有精简版的莎士比亚作品，也有流行的《小屁孩日记》、“内裤超人”系列等漫画作品，还有“哈利·波特”系列、“纳尼亚传奇”系列、“波西·杰克逊”系列等较为完整的长篇作品……

叫他书虫并不是我们的自夸，而是连老师也包括在内的大家的共识。我曾被老师找去谈话了好几次，就因为户外活动时他不肯出去，而是分秒必争地在看书，老师希望他能多参与活动。

读书的同时，他还会听这些书的配套有声书，如痴如醉，遍数之多，经常达到开口便能大段复述的程度。按说这种输入量，我们对他的写作能力，包括比较有条理的口语表达能力，应该是不需要操心的。然而我却发现，实际操作中出现了以下一些问题。

1. 不会使用书面语

无论是口语还是写作，他的词汇量和知识储备是够用的，但他却无法运用到实际中。

在一次讨论后，我跟他说："你的英语作文的直白与粗鲁程度，用中文举例子，大致相当于'我要去茅房拉屎'。"他笑得直不起腰来，边笑边说："我知道……知道，礼貌的说法是'抱歉，我去下洗手间'。"

话虽这样讲，但轮到他写时，却依然没有分寸。比如礼貌地表达某人去世时会用 pass away，而寻常我们可能只写个 die。我跟他讲"驾崩"、"去世"和"嗝儿屁"的同与不同，他非常理解，却很困惑地说他看书主要关注的都是情节，遣词造句和描写部分他虽然懂得意思，但却从不往心里去，所以这些书面语的写法，他其实储备不够。

2. 只有第一人称简单句 + 不会用连词

导致他口语化写作的重要原因，除了词汇外，很重要的一点就是通篇使用简单句，逻辑关系弱。这其实不难理解，就像咱们小时写作文："我今天去上学。我在学校上课。我下课后和同学玩儿。我放学回家……"

初级阶段都是第一人称的主动句，句式单调，后续即便略有被动句和人称的变化，也依然是一篇读之乏味，很难有深度论点的写作。

此外，英语写作中的连词（conjunctions）是非常重要的。有很长一段时间，老师给儿子作文的评语都是"要多用连词"，但他每次都下意识地会先选择单句，而拿捏不好哪些时候适合用哪些连词。

有一天我们阅读时遇到"FANBOYS[①]"，儿子以为是类似

① 英语中 for，and，nor，but，or，yet，so 这几个常见并列连词的缩写。——编者注

cowboys（牛仔）一样的词，我说：“你还是不要凭直觉，查一下资料吧，顺便学习一下 coordinating conjunctions（并列连词）。”儿子查完很惊奇地说，没想到它们竟然都是连词。老母亲我差点儿一口血喷在书上。

3. 语法全凭语感

更神奇的一件事是，我发现孩子在学校没有进行过专门的语法学习，或者说，没有专门上过让他有觉知的语法课。词汇学习时，有涉及“ing”（进行时）和过去式，以及单复数部分的内容，但到更复杂的动词搭配以及写作的起承转合，就全靠个人积累了。

有好几次我都问他：“你怎么知道这个动词后面是跟 doing，而不是 to do 呢。”他都回答我：“不知道，感觉是就是了。”可问题是，感觉一旦出错，也就全错了呀。

又一次，我发现当年我们上学时，老师苦口婆心地一遍一遍提醒的，诸如“although 后面，就不再加 but 了”“no sooner 搭配的是 than”之类的知识点，他都是完全不知道的。

彼时为了提高他的写作和阅读能力，我们一直有规律地陪伴精读，但看到他写的作文，我意识到，如此大量的输入都没能转化为有效输出，是时候开始让他做一些高质量复述，或者干脆选择背诵了。

关于背诵，这些事或许你从没想到过

书接上篇，我们继续讲英语背诵的细节。

适合与不适合

不少家长都表示还是“简单粗暴的死记硬背”最管用。对这种说法，我并不太认同。

背诵并不适用于任何一个学习阶段，也并不是对每个孩子都有效，此外，学习的方式方法可以灵活多变，内容选择也可以有策略，想要孩子不那么排斥，真的并不简单。

如果执行得当，就可以达到既不粗暴，也不死记硬背的效果。所以家长自己英语不够好，未必帮不上孩子，但若是家长理念上过于刚愎自用，那才可能真的在帮倒忙。

咱们首先聊聊如何判断背诵的时机。

1. 启蒙阶段不要背诵

我想提醒刚刚开始给孩子进行英语启蒙，或是处于初级阶段的爸爸妈妈，千万不要强制孩子背诵。

首先，接触一门新语言，每个孩子的适应能力与喜好都有差别，再加上语言环境的限制，比学会多少东西更为宝贵的，是对这种语言的熟悉与接纳，所以此时背诵是不妥当的。

其次，启蒙阶段孩子的积累量小且学习速度慢，达不到支撑新词汇的能力，背诵难度太大，坚持执行就很困难。

最后，孩子可借鉴的工具太少，欲速则不达。孩子学习不像成年人，不仅可以借助词典、网络，还有丰富的人生阅历，如果他们积累不足，那差不多就只剩下家长逼迫下的死记硬背了。

因此背诵这件事，从年龄上来讲，我觉得较为合适的时机是孩子至少已经会自己查字典（认识音标和简单中文），哪怕是需要家长帮忙，也尽量确保大部分由自己完成，或者是掌握了基础自然拼读规则，基本可以自己拼出生词，自查或通过家长获取中文含义。否则孩子没有学习新单词的助力，对家长的依赖程度太高，大人孩子都累。效果好坏不说，学习的情绪很难保持愉悦，失去了兴趣，就得不偿失了。

2. 总结能力强的孩子，未必要背诵

既然背诵是学习方法中的一种，那就不是一个人人必经的阶段。这些年我接触过太多的孩子，也发现过一些与同龄人相比，特别善于思考、总结与借鉴的孩子。在我看来，他们不太需要背诵，不是不适合，而是不需要，不如把时间留给他们自己，去读更多感兴趣的书。

比如我有个老同事的孩子，今年要大学毕业了。我记得数年前有一次去她家，看到小姑娘的读书笔记，令我非常震惊。那时还不像如今，已经引入和介绍了专门的思维导图类方法。但她当时已经能把读过的书，很好地总结出框架结构和逻辑关系，勾勾画画，条目极为清楚。

依稀记得当时她也就是小学五六年级的样子，写的东西已经很像样子了。同事说这孩子是不肯背东西的，每次让她背，都需要跟她理论好久，她常会问：“我都明白了为什么要我背？”

同事两口子都争辩不过她，又见她写作极好，也就不再为这件事闹得不愉快。同事说，说来也奇怪，这孩子似海绵一般，读书不紧不慢却吸收得充分。一段时间迷上某种类型的书，找几套来至多也就是看个一两遍，写出来的东西就很是那么一回事。过些日子换了口味，写作风格也就跟着变了。而每次读完书之后的梳理、摘抄，都是她自发的，无人逼迫。

所以对于那些能将阅读吸收得很好的孩子，就投其所好地让他们多读书吧。对他们来说，这或许是更加高效的学习方式。

3. 对记忆不敏感的孩子，别强求

很多尝过背诵甜头的父母，都考虑过让孩子重走老路，但如果你对孩子有细致的观察，就会发现孩子的个体差异，应该顺应并尊重其发展。

我从小就是个记忆力极好的孩子，中学到大学阶段，曾经有三次被老师在考试后叫去办公室，因为老师不相信诸如政治历史这种背诵类科目，我不作弊就可以做到非但文字一字不差，而且连标点符号也与书上一模一样。

后来我在儿子三四岁时，就留意到他跟我极为相像。爸爸讲的故事，他听上几遍就能复述，而且他喜欢一个故事反反复复听。后来十几分钟的故事，一字不识的他，一字不差地讲下来并不费劲。回想一下自己给

孩子讲故事的经历，十多分钟不停地讲，篇幅也是非常可观的。

所以在当时我就知道，必要时背诵的方式对他是可以使用的，只不过时机远远未到，我们也从不着急。

而我有个好朋友，她从小因为背课文不知挨过多少骂，背诵速度慢一点儿很正常，但她就真的是不管多努力，背完上段就忘了下段。可她却对图像非常敏感，只要她眼睛扫过的东西，基本就能栩栩如生地画出来。我还记得高中时有一次她特别发愁地问我：“你到底读几遍能背过？我为什么一晚上连背带抄几十遍，今天来学校还是完全想不起来？”

去年我们还聊起当时的情景，并分析按照时下所说听觉型孩子和视觉型孩子，或许她就是后者。

类似这种对诵读记忆特别不敏感的孩子，通过背诵来强化输出，可能不是个好主意。当然不是说完全不可以背诵，毕竟学校也常有类似要求，回避不了，但若能够明确发现孩子的长项，比如类似好友的孩子可通过绘画记忆，或者有的孩子摘抄和写读书笔记后记得更清晰，那么结合这个长项来学习，可能比直接背诵的效果更好。

4. 适合背诵的情况

整体来说，除了上述三点，其他没有较为充分的语言环境，且思考和归纳意愿与能力尚不那么强烈的孩子，在有一定词汇基础，并有输出质量要求这个阶段，就可以尝试背诵。

背什么

我知道大家最想了解的，就是背什么好。很多家长曾提出诸如“五岁背什么，二年级背哪本书”之类的问题。

很遗憾，我没办法给出一个标准化的书单，因为这种背诵，并不能以年龄和年级一概而论，没有人人适用的。即便是同龄人，三岁开始高质量英语启蒙的孩子和小学才接触到英语字母的孩子，在同一阶段可以背诵的内容也必然有差异。

所以我想给大家讲讲我选择素材的大致评判标准，也就是“授之以鱼”不如“授之以渔”。这不但有利于帮助大家选择最贴近自家孩子情况的文本，也便于家长随着孩子能力提升，及时调整计划，而不盲从。

在给孩子选择阅读的书籍时，很多妈妈都开始注意结合 Lexile（蓝思指数）①，选择对应难度的书籍。但到背诵时，你会发现，课本教材或是美文汇总这类书籍，很难评判它们的难度系数，那么此时，做出理性的判断就非常必要了。

整体来说，家长所选择的材料，要跟孩子的认知能力基本匹配，在此基础上，结合孩子当前的语言能力，选择既不要追高，也不要太过简单。总体来说，要选择比实际能力略低的材料。此外，孩子每次背诵的时间不宜过长，把任务分成小块完成，就容易多了。

对我这段文字的扩展解读，大致要注意以下两点。

①一种阅读评估体系，源于美国，从读物难度和读者阅读能力两个方面进行衡量，帮助家长和老师们评估和预测孩子们的阅读能力提升需求。——编者注

1. 认知能力

我见过一些家长，在对孩子提学习要求时，忽视了认知匹配问题，所以效果不好，总看不见进展。

举个简单例子。之前我跟钱儿一起读过一对小兄妹关于财商的故事，他很感兴趣，后来我们又一起读了一些更加清晰讲解利息、债务、股票等内容的书。文字虽然写得不错，但我不会把这些作为钱儿的背诵内容，因为里面的财经概念，是他生活中原本不了解的，刚刚接触到，尚处于消化阶段。也就是说，内容本身高于认知，若词汇也是新的，那么记忆效率会偏低，即便背过了，也是很容易遗忘的。

但相应地，我们背过一篇关于蜜蜂的文字，里面讲蜂巢里蜜蜂的分工、蜜蜂身体各部位的名称等。虽然也有不少名词和较多讲解性文字，但因为他平时就比较喜欢了解关于昆虫的科普知识，所以他的知识框架中，这些内容原本是有的，转化为对应的英语就不困难。

想要将背诵的东西转化为好的产出，并产生相对长久的记忆，理解内容是很重要的。练嘴皮子的背诵见效很慢，而做到明白自己所背诵内容（不必精确到每个单词）的大致意思，则更有利于将其为己所用。

2. 不追高

不少人在背诵时喜欢追高，因为朴素地想，就是为了提高嘛，如果背比现有水平还简单的，不是白费功夫了？

比如在我当年刚学会最基础的日常对话，音标都磕磕绊绊不是很熟练的时候，母亲大人就让我开始背《新概念英语》第二册的课文，每篇文章花费的时间和精力都太多了。更重要的是，这样产生的心理压力无穷大，每次想起这件事我就无比打怵。最终虽然也受益了，但是坚持不了太久。

实际上，选择难度略低于自己能力，甚至起步时再低一点儿，都没关系。你要清楚，在学习语言的初级阶段，做这件事是为了整体语言框架和语感的搭建，而不是背完就成了一本“人体活字典”。

比如钱儿，他小学四年级在读时，英语水平经过科学的可量化测试，可以达到欧美同年级同学期学生的平均水平以上。但在选择背诵材料时，我给他选了二年级的英国语文。每篇文章认知足够，新单词不超过五个，篇幅适中，孩子觉得没压力，所以坚持得较为顺利。当然，我并不会选二胖这么大年纪的宝宝读物让哥哥背诵，因为这类读物的认知和词汇又太过简单，意义不大。

因此给孩子选材时，既不追高，也不要过于简单， 比较合适的是降低现有水平一到两个级别的难度。基础打好了，后面就会越来越顺。

不同年龄段的推荐

不同年龄段的学习策略，必然不同，这里给大家提供一些详细建议。

1. 启蒙阶段

这个阶段基本定位在学前年龄。前面说到，这个阶段不推荐背诵，但并不是说不可以记忆，只是不建议用过于刻板而严格的方式和标准，主要还是依靠重复产生记忆。如果有实际的语言交际环境，就更好了。

三四岁前，家长可以有意识地让孩子反复听一些英语的童谣、儿歌，让孩子对英语语言的发音、节奏、连读、押韵等产生充分的感性认识，甚至可以做到游刃有余地说唱。

英语儿歌和童谣是英语语言文化的一部分，能够熟练说唱英语儿歌和童谣，不仅是一种愉快的文化体验，还是愉快的聆听和分享过程，更重要的是可以为培养孩子以后的读写能力打下一个很好的基础。歌谣有明显的押韵和节奏，朗朗上口，是英语启蒙阶段非常便利的语言输入手段。

除此之外，丰富的亲子绘本阅读、动画片和游戏，都是很好的辅助记忆方式。

2. 小学低年级

这个阶段家长可以给孩子选择一些英语童话故事、经典故事、难度不高的绘本故事来背诵。如果前期有较高质量的英语绘本输入，是最好的，多次重复阅读后，背诵难度会大大降低。

经典的英语故事语言丰富，用词讲究，叙事结构严谨，多数故事会讲述一个道理，无论是对孩子的语言学习、文化知识的获取，还是人格培养都很有帮助。

除去故事内容和情节上的优势之外，英语故事的语言表达方式也是丰富多彩的。有些故事富有诗歌体、文学体的语言，有的故事运用了拟人、比喻、排比、对仗、拟声、押头韵、押尾韵等手法，可以让孩子较早感知修辞格在叙事中的妙用。

在用词方面，它们也非常符合孩子在各年龄阶段的认知特点，词汇的选择和使用非常丰富多彩，生动形象。

比如我随手拿了一本 Jill Murphy（吉尔·墨菲）的绘本 *On the*

Way Home（《在回家路上》）。故事中，表示“大”这个概念，就出现了 vast, huge, enormous，gigantic 等单词；而表示“人物移动”的单词有 zooming, lumbering , slithering，soaring，creeping, gliding, swooping ……

这样的词汇归类，对于孩子习得词汇非常有益。尽管有些词属于较为高级的用词，但由于是同类概念，孩子可以根据故事情节轻松地猜测出它们表达的意义，减少了词汇学习的负担。同时因为有上下文和插画的帮助，孩子对这些词的用法甚至意思的不同，有着非常清晰的感知，比单纯背单词的作用大多了。

因此家长在孩子的小学低年级阶段，可选择高质量的绘本故事、经典童话，尤其是曾熟读的绘本，让孩子通过反复阅读、聆听，直到可以自如地背诵。这样的高质量的、细水长流的语言输入，会对他们大有益处。

经过足够数量的故事输入后，孩子会很自然地开始模仿故事的叙事方式和语言表达，很多孩子会不由自主地进行自己的英语故事写作。

此外，有了这些储备，在一些口语类活动或比赛中，几乎不需要准备，孩子便拥有了拿来就用的本事。这对孩子来说，是种非常良性的激励。

3. 小学中高年级

这里提到的年龄阶段界定，是默认孩子从一年级开始学英语的。如果是三年级才开始学英语的地区，家长可以结合孩子的认知和语言能力，来做相应调整。

到了小学中高年级阶段，孩子的英语已经有了基础的储备，如果是为了应试，那么最信手拈来的，就是背诵课文。

无论是国外引进的，还是国内编写的课本，都是围绕着某个语言用法、某个语法点、某个语言交际功能等编写出来的，语料的选取也都是非常用心的。

熟练地背诵这些课文，可以培养语感，熟记单词，巩固课堂上老师讲解的语言知识点。在其他孩子还磕磕巴巴地读课文的情况下，自己的孩子可以神态自若地背诵课文了，这对孩子增加英语学习的自信心和自豪感，能起到非常大的作用。

因为不同地区和不同学校的教材不同，所以让孩子背自己在学的课文版本就好。我有个同学是大学英语老师，她每年都会给上小学的儿子买不同版本的语数外教材，作为课外补充。比如学校学人教版教材，她还会额外买苏教版的、北师大版的。据她说，教材的差异，可以帮孩子查缺补漏，所以她也让孩子背不同版本的同进度英语课文。

我没有尝试过这种方法，不过感觉也不失为一种不浪费资源的思路。

如果不是单纯为了应试，而是考虑综合性的长远能力提升，那么我推荐背诵一些地道母语国家作者的文字，或是原版英语课文。其实现在有很多版本的国外原版课文引进，有的还配有课后提问、中文翻译、单词解析，不但降低了孩子自学的难度，也便于家长辅导并监督。

本着不追高的原则，选择语句规整，不过分繁复的文字，主要为了搭建句式结构，让孩子做到张口能说，下笔能写，而不是凡事全靠“蹦单词”，就可以了。

类别上，主要以有故事性的小篇幅文章为主，辅以小比例科普文（大致 7 : 3 的比例），让孩子在背诵时，要么有剧情，要么有哲理，总之要有一个可循的逻辑链条，这样记忆难度就不会那么高。

说到这里，我要着重讲两个类目：

一个是诗歌。我个人觉得，诗歌最适合孩子的启蒙阶段和高级研究阶段。

启蒙阶段没有学习压力，各种可爱的、温情的、充满想象力的小诗，陪孩子一起读，既美好，又能培养语感，甚至还能提升审美。而等到英语水平真的到了中级以上程度，就可以阅读太多好的诗词文字，不管是读莎士比亚的十四行诗，还是拜伦的爱情诗，附庸风雅也好，真心喜欢也罢，达到这种程度才能真的读进去，并读懂。

介于中间的学生应试时期，广泛阅读诗歌并了解其背景非常值得，但若非出于个人兴趣，背诵诗歌并不容易，而且实用性不强也是不易坚持的原因之一。

另一个类目是“日常口语一亿句”之类的单句。我个人最不建议背诵这种类型的书。倒不是说这类书不好，只是不太适合背诵。每天几句或者一个主题的内容，逻辑联系不强，背过就忘了，写作时也基本用不上，日常交流时又不足以支撑深谈，发挥作用需要很久的积累。同样一个月时间，每天背五句，能背一百五十句，但可能既写不了作文，也未必能帮助语言沟通。

但每周哪怕只背一篇文章，一个月就能背四篇，其所呈现的语言状态，一定是不一样的。因为很多日常用语，已经包含在其中了。

4. 较为高阶的阶段

这个阶段并不具体指哪个年龄，可能是小学高年级、初中，也可以是成人。

在这个阶段，如果想在英语学习上更精进一步，我特别推荐背诵一些经典名篇和名人演讲。多听多读一些有难度的经典文章和演讲，模仿、背诵名人的公共演讲就是很好的选择。

许多名人的公共演讲能力非一般人所及，他们不仅有超强的语言口头表达能力——在镜头前用语言打动、鼓动他的听众，每一个单词的发音、每一个语句的停顿、每一次气息的把握、肢体语言的使用、与听众的眼神交流都是用心琢磨出来的。而且他们的演讲稿的准备过程极为用心，很多情况下文字稿是由非常老辣的专职写手，甚至是写作团队精心炮制的大作。

因此如果孩子小学一年级就开始在学校规律学习英语，那么从初中阶段开始逐渐了解、学习、背诵名人演讲，可以很好地提高他的口头和文字语言表达的逻辑性与深度，对正式文体的写作风格也能了解得很到位。

背诵名人演讲的数量不必太多，关键在于质量。我记得北京外国语大学研究美国问题的梅仁毅教授就曾经提过，学生在基础学习阶段的后期或高年级，就要开始努力背诵名篇，比如说背诵五十到一百篇。无论从语言还是内容来说，这都是精华。背熟了，对学生了解西方文化、研究文字的运用都有好处。

我个人觉得，非英语专业的学生，其实无须背那么多篇文章。如果是高质量文章，只背十几篇或二十几篇，也是极好的。

现在名人演讲的视频材料很多，包括很多 TED[①]演讲。在选择演讲

① TED 是英语单词 technology，entertainment，design 的缩写，即技术、娱乐、设计，TED 演讲指的是美国 TED 国际会议邀请世界知名人士做的大会演讲。——编者注

人时，不妨考虑以孩子的需求优先，可以是某个政治人物，也可以是他特别喜欢的演员或者明星运动员，甚至是一些杰出的同龄人。这些资源在网上都可以免费找到，赶紧利用起来吧。

任何一种学习方式，都有它的适用性。于我们来讲，不仅是将孩子遇到的困难讲给大家听，更重要的是把解决问题的方法和过程呈现给大家，只要大家能从中获得一点点启发，我们这种梳理总结，也是有价值的。

别人的经验终究只是一种参考，大家借鉴也好，略过也罢，不必笃信，每个人需要对自己的选择进行甄别并负责。

第3章

给孩子高质量的陪伴

能够全职陪孩子固然好，

不能也没关系，每天或是每个你能够在家的时刻，

一定要关注孩子的方方面面，千万不要觉得老人或者阿姨可靠，

就彻底将孩子拱手让出。

孩子的不良习惯是日积月累形成的，

好习惯和优秀品质，同样是细水长流养成的。

陪伴比放手要辛苦得多，但孩子的进展你绝对看得见

我以前常听说，小学前三年主要是培养孩子的学习习惯，如果做得好，到了四年级，家长就可以省心让孩子自己来了。我觉得在前期准备上，我们应该做得还算不错。仔细回想儿子升入四年级的大半年，也确实在我们不经意间有了很大长进，尤其是自我意识的迅速崛起。

学习上，自然是不用我们坐一旁陪着或是唠叨了。虽然他偶尔也磨蹭，但基本每天要做的事他都清楚，也会比较迅速地完成。而生活中，很多技能都是他自己掌握的，常常带给我们一些惊喜。比如前几天他帮我把电脑浏览器的背景换了，一边操作一边唠叨着“你一定会喜欢，super cool（超级酷）”。换完我一看，真是清爽又养眼，而天天趴在电脑前的我竟然对这种操作一无所知。

又比如，有一天他在我手机上下载了一个小游戏，我接二胖放学去早了，偶然看见手机上有个不认识的图标，打开看看挺有意思，就随手玩了会儿。回家我把第一名的截图给儿子看，很得意地说：“瞧我还挺厉害吧？三百多分呢！”儿子笑笑，欲言又止，想了想说：“嗯，挺厉害的！”后来我偶然发现，他随便玩玩也至少是五百多分。唉，廉颇老矣。

好朋友家的孩子刚上一年级，她特羡慕地跟我说：“我现在一跟孩子的作业较劲儿就想，你们现在多爽啊，孩子都能自己把自己管理好了，

写作业也不用管了，我还不知什么时候熬出头呢！”

我说：“与我们孩子同级的张三李四王五的妈妈，确实早就不管孩子写作业了，人家孩子也都完成得好好的。”虽然我相信有些孩子是真的能自己做得很好，而且我们也不是不懂得放手，但那只是别人的选择，并不能影响我们的想法。在确保孩子具备把事情独立做好的能力之前，我们并不会彻底撒手，什么都让孩子自己来，一定要有个循序渐进的过程。

作业安排和执行当然由孩子来做，不过作业的完成质量，我们还是会参与评定。最初是每天孩子做第一轮检查，我们做第二轮检查，慢慢地变成我们只做抽查，继而再慢慢降低抽查的频率。到如今，我们差不多每周只会抽查一次。

说实话，儿子上交学校的作业，每次得到的评价都没什么问题，“Well done（做得好）”“Good Job（做得好）”或是给个“很好”之类的评语，并不鲜见。但在部分放权却又不彻底放手的“监管”过程中，我总能发现这样那样的问题。

比如，写作业取最低标准。语文学了十个新词，老师说至少选其中三个词语，各写三遍并造句。儿子便惜字如金地只选其中三个最短、最简单的词，造完句便是大功告成。

当然从完成作业的角度看，这无可厚非，老师确实没要求多多益善，一切凭孩子的自觉性。可是，从学习知识是否扎实的角度来看，这样的完成度，想要掌握余下的七个词，还是有困难的。随之而来的是，这一课他有七个词学得模糊，下一课或许是八个，攒着攒着，就跟不上了。

然而共同检查或是抽查的方式，能够在初期就发现问题，并寻找解决方案。我也并不强迫他写全十个词语，但我会建议他去了解其他同学大致写了多少，至少不低于平均数，并在当天作业尽量写够五个词。

他照做了。没过两天，他笑嘻嘻地对我说，问了几个同学，都是写五六个词，他决定写八个。我还没说什么呢，他已经被自己的勤奋感动了。不过可以看到的结果是，他的字词记得牢靠多了。

又比如，每周我们会雷打不动地保持至少两次陪他做精读。晚上妹妹睡着后我们带他去咖啡馆，点一些坚果、一小盘不那么甜的点心，我们喝红茶加奶，儿子只要一杯白水。我们有时共读的是某个小说里的一个章节，有时是一篇我们都觉得很枯燥无味的科普文，也有时是能让儿子看得手舞足蹈的一本漫画。无论读什么，这样的过程都会让我们尽可能地窥见孩子的长项与短板。

儿子平日就是个书虫，老师因他课间不去户外活动，总躲起来看书这件事，就跟我谈过好几次。按说我们早就可以放心地只管搬书给他，他都会一一读过。但正是在这样的坚持共读中，我发现了他的词汇弱项——很多英语单词放在常读的书中他都能读懂，但如果单独拿出来，或是换到一本他不熟悉的书中，他有时会搞不懂意思。

中文亦是如此，好好的字，当它以词语、固定名词或是成语的形式出现，儿子完全能掌握。但挑出单字，有些字就成了“陌生脸”，也有些字他认识却写不出来。但鉴于他读书速度极快，这样“脸熟”却并未真正掌握的词汇，立刻就被放过去了，而积累的问题，或许需要很长时间才会暴露出来。

我也发现他对各种文章的行文方式关注甚少，更多的是追求快速阅读。因而在精读过程中，所有的概括总结部分，他都描述得既烦琐又容易漏掉关键信息。

而这些问题，都会对他的写作产生直接影响。

针对以上两点问题，我们会和他分析探讨一些单词的词根和前后缀，或者用反义词等联想方式，来帮助他记忆单词。我也会提醒他永远保持概括与思考的习惯。在概括每个段落时，不要用“这一个段落讲了在很久很久以前，有一群原始人生活在大海遥远的另一边，有一天他们……”这样的讲述方式，而请他试着用“这一段讲了原始人钻燧取火的故事”的方式展开，后面再讲故事细节也不迟。

你会发现，很多时候，一点儿小小的提示，却能给孩子大大的启发和改变。很快，他的总结能力就有了起色，当他知道一篇文章的作者每段都要写什么时，换他来写作，他也就清楚了自己该如何去写。而同样的，当他掌握了一些记忆单词的方法时，他就开始注意起以往被忽视的词性、词义以及一些常用词组搭配在一起时不能更改的样态。

我从这样的共读过程中还发现，孩子的一些知识盲区，可以在这个过程中顺便讲解。比如有一天我们读到 Morse code（莫尔斯电码），他问我是不是 braille（盲文），我们于是搜了二者的图片进行对比，又详细查了关于莫尔斯电码的背景知识。所有的查询过程，都是由他主导的，查完他讲给我听，偶尔我会对不清楚的地方提问。我们都从中收获了知识，而他比我又多得到了自信。

每次陪孩子读书或写作业，都会又一次提醒我一定不要忘记，当一个人的认知能力与阅读内容不匹配时，记忆是很困难的，孩子更是如此。

就像美剧《生活大爆炸》，我追到第十二季，其中生活日常和各种搞笑的梗，再提起时我差不多都记得，而主角 Sheldon（谢尔顿）和他的一伙科学家朋友对话中的专业术语，我就像从没看过一样，全无半分印象。

唯有一个关于量子理论的术语 Schrödinger's cat（薛定谔的猫），被我成功记住。原因是剧中用男女感情问题这种浅显易懂的话题，对它进行了讲解，并且不止一次地反复提及。当时我第一遍并没看明白，又特意倒退回去仔细看了两遍，并上网搜了资料直到自己差不多懂了。后来在其他电影或书中，再遇到这个词时，莫名就有种亲切感与自己不是“科普盲”的小傲娇。

理解了词汇学习和记忆的规律，也就明白了孩子有时记不住内容，除了没有用心、复习不够这些因素外，还有些客观的原因，可以被避免和谅解。

此外我还发现，即便刚跟孩子一起振振有词地分析完单词记忆法，我也依然“撂爪就忘”。因而要懂得体谅孩子的不容易，第二天见他又忘了，再提醒一下就是，绝对不要无端地吼孩子为什么不长记性，是不是不努力。

有时我还会主动给自己和孩子制造一些小调剂，比如当他做在线阅读时，我会在他身后的工作台电脑前，看着屏幕上与他同步的 PDF（便携式文档格式）文件，缓缓地读上一段。他会好奇地问：“你怎么能说出来我读的内容？”我装作若无其事地说：“哦，这个简单，以前读过，我都背下来了。”他瞬间“石化”，马上发奋起来，自己也非背下来不可。

当他结束阅读，题目也都做得很好了，我招手让他来看我的屏幕，然后和他一起爆笑。下次他不会再上当，但谁知道下次又会发生什么呢？时常有乐子，便总是有期待，不容易倦怠。

与孩子进行有效交流和沟通的机会越多，你越会发现，没发现问题并不代表没有问题，表面上看到的岁月静好，未必没隐藏着惊涛骇浪。

这样的陪伴，相比起放手要辛苦得多，但孩子的进展你绝对看得见。总有一天你会放手的，不必着急，慢慢来，当孩子准备好的那一刻，他会让你知道。

养孩子用的心、偷的懒，都会在未来某一天看到结果

有次陪韩先生去录音棚录音，遇到一个在圈里挺有名的导演，以及他样貌变化很大的太太。几年前我们和他们夫妇混得比较熟，那时这位导演的事业正处在接近巅峰的上升期，他的太太衣着十分时尚，穿的用的都是最新款的名牌，走到哪儿都是 bling bling（闪亮）的既视感。二人十分恩爱，形影不离，大家也正是因此认识了作为圈外人的她。

后来这位太太突然消失于“江湖”了，几年间不曾再见。导演自己不提，大家也不便去问，只是有次一个录音师很八卦地跟我说，八成导演是换了身边人吧！我没吭声，但心中十分笃定不会，或者说暗暗希望不会，毕竟当年他们的恩爱，任谁看也不是作秀。

上周见到她，我们彼此都感到意外和惊喜。她静静地坐在沙发一角，穿着素净别致的衣服，略施粉黛，除了眼角生了些皱纹外，比之前我认识的那个她，多了平和娴静的气质，少了浮躁和浮夸，让人看着发自心底的舒服和喜欢。

一晃少说五年了，上次见他，我儿子话还说不利落呢，如今他都能跟我斗嘴了。时光飞转，唯一不变的是，导演太太依然是那个与导演形影不离，等他牵手回家的人。

我咬了三次舌头，咽下自己想知道她去向的好奇心，不想她却先开口娓娓道来。她看着站在录音师身边满眼好奇的二胖，轻叹一口气说：

“小白，这些年我终于相信，都是要还的！而我也付出了原本不必这么辛苦的数十倍努力，所幸结果还不错，你们可千万别走我们的老路啊！”

我心中一沉，以为真的是发生了感情纠葛。但她接着说：“养孩子，真是长路漫漫，走了那条看似轻松的路，日后往往要推翻重走，或是转向更艰辛的路。这些年，我自己吃尽了苦头，也见了太多这样的例子。”

哦，是与我不谋而合的想法。

因为太久不见，所以我们约了一起吃午饭，导演太太讲起了他们的故事：

“我和老公真的是白手起家。儿子自半岁起，就交给阿姨全权负责，我专心帮老公一起打理公司，每天忙得不分昼夜。阿姨是老家的远房亲戚，快六十岁了，特别本分可靠，难得的是无比疼爱孩子，把我儿子照顾得妥妥帖帖，当自家孙子一样，所以我真是完全没有后顾之忧。

“儿子三岁上了幼儿园，每天由阿姨负责接送，我们经常全世界到处跑，就留孩子和阿姨在家。因为从小跟阿姨同吃同睡，所以孩子与她特别亲，看上去并不挂念我们。起初我只要在家，就尽量去陪孩子，也怕陪伴不够、教育跟不上会影响孩子。但在各种忙乱之后回到家，就很疲惫了，见孩子对我们并无依赖，也就慢慢不管他了。

“我和导演做得最多的事，就是天南海北地给孩子买衣服和玩具，多贵都舍得，多少都肯往回背。我们真心觉得这就是爱孩子最好的方式，他什么都不缺，什么都用最好的，还有什么不满足的？

“孩子上小学后，我们跟风给他在家附近报了几个课外班，每天依然是阿姨接送，陪着上课，感觉这样也挺好。读到五年级的时候，导演的事业巅峰期临近了。那几年我们像坐上了火箭，各种机会源源不断地砸来，接都接不完。我们的名气越来越大，公司不断扩张，人员越来越多，管理、沟通、对内对外的事务都越来越庞杂，着家的时间也越发少了。

“但相应地，我们在收入上也是日进斗金，小房子换大房子，又投资了不少房产，还拿出在当时相当可观的一笔钱去搞移民，想给儿子未来铺平道路。一切顺风顺水，别人羡慕，我们自己也特别得意。我和导演都发自内心认为我们是特别合格，甚至特别优秀的父母。业界的声誉、优渥的家境，甚至未来的走向，都给孩子安排好了，除了没时间陪他，没有任何亏欠他的地方。

“直到儿子六年级时，有一天我出差回家，现实给了我重重一击。

“那天我进门时，儿子正端着饭碗蹲在电视机正前方，一边吧唧吧唧地大声嚼饭，一边津津有味地看电视。吃到骨头碴儿之类的东西，他就随口吐在地上，还不时用脚往旁边踢一踢。我想赶紧制止他，却一下子愣在那里，因为这完全是阿姨的习惯，我说过她很多次，她一直也改不掉。

“而他看电视时，一直眯着眼，揪着鼻子，我痛心地以为他长期这样看电视，一定是已经近视了，后来带他去检查，发现完全是因为阿姨习惯眯着眼睛看电视，他从小有样学样，其实两眼视力都很好。

“你不知道当时我内心有多庆幸，又有多么后怕。原本我应该第二天和导演去香港的，但我第一次决定让他先去，我在家多住几天。因为我忽然发现，我们和孩子之间，更像是只有经济纽带的陌生人，他似乎完全没有按照我们设想中的样子生长。

“接下来的日子，我越深入他的生活，就越震惊。因为平时沟通并不多，所以我竟没发现，当他兴奋起来大段说话时，经常含混不清地夹杂着大量老家的方言，只有他和阿姨能听懂，我这个从小讲老家话的人都不能完全理解。

“学校老师说他性格非常内向，不合群，而且敏感，极度缺乏安全感。班里一次演讲活动，每个人都要登台演讲，他上台后站在那里足足五分钟，满脸通红，一言不发地又走了下来。我又仔细查看了他的作业，字迹潦草，错误也很多，阿姨只管让他吃饱穿暖，作业他说写好就当作写好了，根本不会去跟进。还有很多小细节，现在已经记不清了，总之我觉得他就像一个没有精神管理，只是衣食无忧，并且带着一身不良习惯的孩子。

“于是我跟导演严肃地开了一次家庭会议。从那时起，我把手头的全部工作都交出去了，曾经认为最不用费心的儿子，才是我们那时最重要也最棘手的工作。

“远离职场，起初我有诸多不适，毕竟那曾是我们一起从头拼搏才得来的一份事业，很辉煌，且有无限可能性。我内心深处还是觉得养孩子这件事，既琐碎又没成就感。可是渐渐地，当我真的塌下心来融入孩子的生活，深入孩子的教育等各方面时，才发现这是个繁复程度不亚于我管理公司的领域。

“我开始每天自己接送孩子，跟每个老师沟通交流，陪孩子上课外课、写作业、上补习班。大概足足半年后，有一天儿子非常不安地问我：‘妈妈，你还能这样陪我几天？还有几天你就该出差了？’那时我才知道，孩子并不是不留恋，大概是要求了也得不到回应，所以就索性不提了吧。

“我告诉他，在他认为需要我们陪伴的时候，我就会一直在，直到有一天他认为自己可以了。儿子不敢置信的表情和继而绽放的如释重负的笑，是我这么多年来总也忘不掉的。

“我从最简单的生活习惯开始，一点点帮孩子改正。我开始读育儿书，开始跟身边的家长沟通学习。那时我才发现，原来五花八门的培训班和各种学习方法，门道有那么多。

“中间的纠结和辛苦我就不一一细说了，这个过程对我和孩子来说真的都太痛苦了。你知道最简单的道理，一棵自己亲手种起来的小树会笔直地长，中间有问题都容易修剪，可如果交到你手里的就是一棵长歪了的树，枝丫上全是刺，修剪起来就太费劲了，全剪掉或连根拔起又不现实。

“那些年我真的无比后悔，如果之前我能早点儿关注孩子，其实原本不必彻底推掉工作回归家庭，事业和家庭不是不可以兼顾的，毕竟事业基础已经打得不错了。而孩子也不会这样痛苦，每当我纠正他长久以来的某个习惯时，他都习惯性地求助阿姨，本能地想要将我推远……”

导演太太的经历，听得我十分唏嘘，不过值得欣慰的是，在她这些年的努力下，孩子已经脱胎换骨了。受他父亲的艺术熏陶，他一直刻苦地学习古典钢琴，并屡获国际大奖。他的学习成绩也非常不错，今年考入国外一所很棒的私立高中，并将在国外继续他的钢琴学习。导演和太太送儿子去学校，一切安置好，他们就又过上了携手工作的日子。

我问导演太太：“毕竟才高中，你放心儿子自己寄宿在那里吗？不担心重蹈覆辙吗？”她自信满满地说：“这是儿子自己的选择，经过长谈，他说自己完全能够搞定，让我们放心回来。而这五年的陪伴，我对他也已经非常了解，再不会盲目做出决定。”

导演太太给我们看她儿子身着燕尾服，手抚钢琴望着镜头微笑的照片，那是一个身板笔挺、阳光自信的少年。

我问导演太太："难不成只有当了全职妈妈，才能培养出优秀的孩子？"她用力摇头说："并不是。"

一方面，这些年她考虑了很多怎样的孩子才算优秀。真正了解孩子的家长，会懂得帮孩子一起扬长避短。与传统教育理念不同，并不是要样样都好，即便有明显的短处，也未必不是优秀的孩子。

另一方面，她越发觉得中文博大精深，"细水长流"这个词，真是描述得太入木三分了。能够全职陪孩子固然好，不能也没关系，每天或是每个你能够在家的时刻，一定要关注孩子的方方面面，千万不要觉得老人或者阿姨可靠，就彻底将孩子拱手让出。

孩子的不良习惯是日积月累形成的，好习惯和优秀品质，同样是细水长流养成的。导演家其实是很极端的例子，在孩子刚开始学琴那两年，导演也停工了整整一年，陪着孩子练琴，练体育项目。

那时等于全家都放弃了工作，来弥补过去的错误。能够有今天的结果，在当时他们是不敢奢望的。而如果从一开始就细水长流地关注孩子，后续的投入或许并不需要这么大。

能够有全心照顾孩子的全职妈妈或全职爸爸，当然是最好不过。但对我们大部分出于各种原因还是要去工作的家庭来说，每天下班回家后关注孩子，心和力尽到了，孩子也依然会向着美好的方向成长。

其实道理人人都懂，但做到却委实不易。不知你是否有过这种体会，我有时会觉得自己已经累得眼皮打架，只想倒在沙发上，放肆地大吃零食，看书、看电影或听音乐，或是索性埋头睡大觉。

而此时，一只“猴子”举着作业来问“妈妈，一群人玩老鹰捉小鸡，老鹰捉住一只小鸡后，还剩八只，问一共有多少人玩这个游戏”时，你会烦躁地想说：“问你爷爷去。”

而此时，另一只“猴子”拿着一堆切切乐水果，磨刀霍霍地切啊切啊切，切完让你粘好，她再继续。如此往复上百次，你会郁闷地想把她直接扔给姥姥。

…………

这样的时刻很多，一天，两天，十天，我们都可以这样做，但我们毕竟不是铁人，我们也需要良好的休息和愉快的情绪。可是久而久之，习惯成自然，上手不易，撒手太简单，谁不是这样呢？

谈到教育方式，很多争论都容易将全职父母和去上班的父母对立起来，好像全职父母就只是围着孩子团团转，上班的爸妈就不管孩子。

我身边有很多全职妈妈，她们除了花大量时间、精力在孩子身上，并细致周全地照顾家庭生活外，还有很多实现自我爱好和价值的方式，比如去学书法绘画，去健身，去做义工等。但实际上，我也确实见过一些全职妈妈，或者更确切地说应该叫全职太太，她们把孩子丢给阿姨，自己并不管的。

而上班的妈妈们，她们中很多人对孩子的每一步成长都非常关注，会在能力范围内对孩子尽量亲力亲为，孩子也非常优秀。

所以大概还是观念使然吧，或许有人侥幸可以不付出也不必偿还，但从整体概率上看，导演太太所说的“此时偷的懒，贪图的享受，总有一天，是要还的吧”，值得我们思考。

带孩子旅行，我们到底希望他们学到什么？

最近韩先生再忙也会安排出时间，每周开车带我们去至少三四个比较远的地方。有的是我们一直想去却总没时间去的，有的是朋友觉得比较好推荐给我们的。

一些大热的景点，我和韩先生这些年基本都去过了。有了孩子后，我们更希望也更喜欢带他们去一些不那么商业化的地方，比如科技馆、海滩、博物馆、艺术馆……

但我一度走进了某个误区，觉得自己对一些艺术馆和博物馆也不是那么了解，带孩子去有些摸不到门道，所以孩子未必会有收获，去了意义不大，甚至还有自己露怯的可能。因而总想着等他们大一些，对哪个领域有了兴趣再去不迟。

可渐渐我意识到，这种想法挺傻的。一来我发现很多书中的东西，践行是转化为兴趣的极好辅助。二来孩子们也变得和我们一样越来越“宅”，对旅行和探索兴趣不大。三来我其实十分享受跟孩子一起在走走停停中学习与探索的过程。

父母也是有血有肉的寻常人，怎么可能什么都精通，什么都了解呢？如果因此就剥夺了孩子去接触美、认识世界的机会，未免有些自私和愚昧了。

此外，我也经常思考，我们带孩子旅行，带孩子走走看看，到底希望他们看到什么，又得到什么呢？难道仅仅是获取知识吗？

有天韩先生开了一个多小时车，带我们去了一所非常美丽的大学。那里真不愧是全美最美校园之一，即便是一片草坪，随手拍拍也美得像一幅画。

二胖有两个多小时都在尾随鸭子搞事情。学鸭子走路，看鸭子扭扭地下水，她甚至要求跳下水跟鸭子一起游泳。

我们在树下拍照时，空无一人的校园里走来一个相貌清爽的男生。他背着一个大包，手里还提着一个，但他路过时依然扔下东西主动问我们："我来帮你们拍合影好不好？"这对我们来说完全是意外之喜。不过，得了几张喜欢的全家福之后，我们就没再注意他的去向。

过了一会儿，儿子跑来跟我指指远处说："妈妈，你看刚才那个哥哥，他也太会享受了吧，他竟然挂了个吊床，看着好舒服啊！"我循着儿子的手看过去，他躺在距离正合适的两棵大树之间的吊床上。吊床的床体比我见过的任何一张都宽，几乎像个蚕蛹一般把他包裹在里面，看着就觉得向往。只见他从一旁的背包里掏出一本书，舒舒服服地窝在里面读着。直到两个多小时后我们离开时，他依然在读书。

儿子感叹说："等我以后念大学时，我也想经常去校园里放张吊床看书。妈妈，这个哥哥也太幸福了吧！"

晚餐时孩子们胃口都极好。吃过几顿西餐，二胖就开始向往自己用刀叉了。饭店走来走去的服务生总是忍不住夸她，说两岁多的小宝宝，竟然这样会吃，实在太有趣了。儿子则望着窗外波涛汹涌的海，喃喃地说："这是我第一次坐在海浪打得房子直摇晃的地方吃饭呢。"

那一刻我忽然在想，能够有一群小鸭子陪伴两个多小时的二胖，无师自通摆弄刀叉的二胖……能从别人身上看到如何获得悦己方式的儿子，开始珍视自己每个第一次的儿子……这难道不正是我们带孩子出门，希望他们所得到的最好的一切吗？

还有一次，在气温很高的一天，韩先生带我们去了洛杉矶的标志性建筑之一 Griffith Observatory（格里菲斯天文台）。

平日里儿子读了很多科普书，也读得挺有收获。可相比之下，故事类的书更对他的胃口。而一趟科技馆之行，再加上这次天文馆之行之后，他对科普书的兴趣似乎被彻底激发了。每次在书店都捧着故事书读的他，最近开始主动钻进科普世界。

我原本有点儿担心自己的天文知识太少，无从引导孩子，会让他们感到无趣，整个参观也就难免流于泛泛。然而看到一些美国家长也一脸无所适从地跟着孩子在读说明学习，甚至还看到一个妈妈连我都不如，坐在台阶上，玩着手机“连连看”游戏在等孩子，这极大鼓舞了我的斗志。

其实每个孩子骨子里都有浓浓的好奇心。只要我们去好好保护，他们就会自己发光。

我其实很想看看天文台剧场的电影，到底跟咱们北京的天文馆是不是一样的。可惜除了每天第一场之外，其他场次都不接受五岁以下的孩子。于是我就和二胖跑去吃冰激凌，儿子和爸爸一起去看电影。散场时见到儿子，他半晌说不出话来，过了一会儿才长出一口气，惜字如金地说：“妈妈，太震撼了。”

我知道，从此以后每一座艺术馆、博物馆和科技馆，他都会有充足的兴趣和好奇心，与我们一同去探索了。

千万别觉得可以带孩子这样到处去玩儿，是因为我们自己说了算的时间多得用不完。其实，这样的安排，对我们来说真的相当奢侈。

去天文台那天，韩先生上午录音一直到午后（美国人开工都好晚），所以我们才赶上四十多摄氏度的高温时段出行。

而去美国校园的这天，他一早去健身房举铁，然后又开了三个小时的会，中午跟人吃饭谈事，到下午快三点才突然出现，接上我们二话不说就出发。彼时我刚把衣服洗完、烘干，按每个家庭成员分开叠好挂好，然后把房子周围都布好蚂蚁药，在兔子洞和松鼠聚集地洒上驱赶药，垃圾桶附近喷好防虫药，把门口的落叶和花瓣扫净，照顾孩子们吃完午餐，把所有餐具扔进洗碗机，把炉灶台面都擦干净，接着吸地、擦地……

出门时走得意外又仓促，衣服都是孩子们自己挑的。儿子很得意地说："妈妈，你看我穿得像不像一根葱？"二胖也学着哥哥的样子自己拽了衣服裤子，大叫："濑濑是葱……"

傍晚时分，我站在鸭子遍布的湖边跟母亲语音通话，她有些担忧地问："时差要倒，工作得做，公号也写着，两个孩子和家务没有阿姨搭把手，都靠自己，你俩吃得消吗？"

我想了想，这似乎是以前每次陪韩先生来美国工作时我们的常态。每次自己都累得脱层皮就算了，最重要的是，常常觉得对不起孩子。因为他们总得迁就爸爸的工作安排，也要向我的时间妥协。所以每天等我们都忙完了，也就没有什么大段的时间可以带他们去值得走走的地方，只能在附近的小公园释放一下"电量"。

除了能够给予孩子充足的"在一起"的时光，其他的，我们难以保证。有时连儿子最爱的书店，哪怕只有二十分钟车程，我们也不敢轻易承诺。

但最近这段时间，却因为韩先生的坚持，一切都变得不同。他说如果不主动迈出这一步，那么就永远都不会有时间。而去做你真心想做的事，时间总会有的，无非就是累一点儿。

因此除了每周这些去远处的活动外，我们至少带儿子去三次书店，多的时候会去四五次，哪怕是在晚上闭店前的半小时，孩子也是欢天喜地的。

虽然从体力上来说，我们似乎比平日更累了，但不知为何，我却觉得比以往的任何一次都轻松，似乎忙不完的家务，照顾孩子的琐碎，都因此不值一提了。

而孩子们的变化也让我欣喜。性格特别“宅”的儿子，最初去哪里都提不起兴趣，宁可抱着书从头看到尾，在经历了短短七八趟行程后，已经成了一个去哪里都带着十万个为什么的小好奇。而二胖君从见了外国人就躲进我怀里，到现在主动跟各种肤色的人大喊“哈喽”，也不过十几天时间。

美国著名作家 Anna Quindlen（安娜 · 昆德兰）曾经写过这样一段话，我在大学时读到，至今依然印象深刻：

> Life is made of moments,
> small pieces of silver amidst long stretches of gravel.
> It would be wonderful if they came to us unsummoned,
> but particularly in lives as busy as the ones most of us lead now,
> that won' t happen.
> We have to make the time for them.
> We have to teach ourselves now to live, really live
> to love the journey, not the destination.

在繁忙的生活中，
那些人生中闪亮的小小片段，
不会不唤自来，
唯有我们主动去寻找。
要学会怎样生活，真正地活着。
热爱来路，而非终点。

我们的人生如此，孩子的人生亦然。其实很多时候未必要远行，即便是在自己日常生活的城市，我们仔细想想，也能找到很多从没带孩子去过的地方。每个人都忙，但无论多忙，只要你想，总能辟出带孩子多走走看看的时间，丰盈他们的人生，也不断丢下自己因为“宅”，因为懒，因为忙，因为怕丢脸而给自己找的那些未来或许会感到遗憾的借口。不苛求结果，只享受其中的过程。

从三岁多开始学花滑到现在，这是我们给孩子选课外课的经验（上）

儿子刚上小学不久时，我们要在他的两项体育课外课里做一个取舍，便问他："游泳和滑冰，你想想你发自内心喜欢哪个？"他一愣，反问道："妈妈，你怎么知道自己内心喜欢哪个？"

这倒让我一时没接上话。想了想，我对他说："就如同一套乐高积木，它摆在橱窗里，你连摸都没摸过，就已经对里面每个小人儿和零部件烂熟于胸。等到终于把它买回来，纵使有一万件事压在身上，哪怕都忙完时已是深夜，你困得路都走不了，却依然要去拆开它，把玩上一会儿，哪怕只是摸索几下，看看图纸。

"往后的日子，你去哪儿都带着它，分秒必争地玩着，别的玩具都是有也可，没也罢，唯独它，即便你的家人好友来借也舍不得，万一丢了或是被没收了，就更得……"

不等我话说完，儿子已经急了："别丢别没收，我爱惜它们。"我笑笑说："这就是真喜欢了，并非强迫，身不由己。课外课也一样，能吸引着你总想去学，去努力，去获得成就，想到放弃就无法忍受地心痛的，差不多可以算是发自内心喜欢，或者叫作热爱。"

关于自知的热爱

人与人之间的差别，若非亲眼见到，是永远无法靠揣度来获知的。

我有一个好朋友，她那极为出色的女儿，今年顺利收到了英国和美国两所顶级名校的 offer（录取通知书）。女孩独立果敢，抱定非自己喜欢的专业不选的决心，ACT（美国大学入学考试）“裸考”近乎满分，还独自一人去英国面试。前后所有事情，都是孩子自己主导张罗。

这几年来听她讲女儿的成长史，起初我都快要怀疑人生了。真的，有时你没法相信，一个孩子从几岁起就明确知道自己热爱什么，想要什么，要怎样努力。而眼前自己家中这只，数年来还一直懵懂地趴在地上玩小人儿打架呢。

后来各种学霸见多了，慢慢接受了人与人存在巨大差异的事实，也接受了世界的多元化。一次，因为一件小事跟儿子以前同学的妈妈聊天时，听说人家从没上过任何课外课，仅仅是因为自己喜欢读书，就在一个并不容易的标准化考试中考出接近满分的成绩，那时我的心中已再不会有波澜。除了为那个孩子开心外，我只会想，凡事都不是偶然，虽然不上固定的课外课，但他书香气十足的家庭氛围，满墙的书籍，儒雅淡然的父母，未必不是更好的课堂。

在我什么都想兼顾，着急孩子这也不爱那也不擅长的那段岁月，韩先生宽慰我说：“有的人终其一生也不知道自己热爱什么，但这并不妨碍他们生活得很好。既然如此，找到一个平衡，保持好的心态，余下的交给孩子，也交给时间就好。”

于是，从儿子读学前班到小学四年级，我们经历了差不多五年的磨合时间，终于进入了有忙有闲，有热爱有坚持，大人孩子都不焦虑的规律课外课状态。

课外课，不是你一个人在纠结

孩子的课外课，到底该不该上，上什么，安排多少，关于这类话题的争论，无时无刻不在我身边进行着。

有很长一段时间，我以为这是咱们中国父母独有的特色人生，结果当我接触了一些韩国妈妈后，发现她们关于孩子的课外安排与焦虑，比国人只多不少。

去年我在美国，跟一个朋友聊起课外课的事。她虽在美国生活多年，说到这个话题却也是一肚子苦水。她说找外国人老师呢，就是从小培养兴趣为主，可能一两年不见孩子有什么长进，咱们中国家长着急啊。但好处是孩子对这个项目始终保持着很高的热情，且自信心爆棚，稍大一点儿若真是这块料，进阶会很快。不是这块料，多少也能培养一门兴趣。换华人老师呢，严苛、专业、高阶，给孩子的表扬和肯定较少。好处是孩子长进特别快，很快就能在同龄人中脱颖而出。但问题是，她家孩子对上课很抗拒，甚至对课程产生了厌倦情绪，走不了很远。

另一位朋友的日本太太，为了孩子能够从小接受双语教育，以及有丰富的课外课资源，宁可去离家很远的地方租房上幼儿园。

至此我开始相信，关于孩子课外课的所有纠结、选择与思考，大概是个全球性的问题，至少绝不只咱们中国父母有。这样想来，心中倒是宽慰了不少。在我看来，其实家长要放在心上的，不只是上与不上，更应该注意的是随时间而动。

分年龄段谈课外课安排

相信很多家长都跟我一样，在孩子还躺在肚子里时，就赌咒发誓要让他从小玩到大，不上课外课，不学那些累人的特长。然而即便孩子出生后头几年能抵挡住早教浪潮，到上学后还能稳如泰山、岿然不动的，也是越来越少了。

所以我觉得，谈孩子的课外课，一定要分阶段来判断，在不同年龄阶段有不同安排。两岁孩子的家长去批判十岁孩子的家长做的日程安排，或是十岁孩子的家长去苛责两岁孩子的家长不作为，都是不够客观的。

从我们这些年的经历来说，我个人其实不建议在孩子很小的时候就安排规律且有进阶要求的课外课。

在孩子三岁前，有太多可以陪伴他们在玩乐中学习的方式，有时我陪着二胖，连一坨面都能玩上两个小时。看着是在虚度时光，其实孩子不但能自己学着倒水添面，觉得有趣，而且手部的精细动作也日渐熟练。

现在流行的早教课，如果是当作让孩子接触社会、接触同龄人的方式，是很好的，也确实能够学到一些东西。但若把学知识当作必须做的事，那就容易心理失衡了。

三岁到读学前班前，大多孩子上幼儿园了。如果可能，还是建议尽量少地安排课外课，让孩子有更多玩的时间，尤其是户外活动加上充分的阅读。若能有高质量的引导与陪伴，孩子同样会成长得很好。

若家长迫不及待开始给孩子安排课外课，我也建议至少等到孩子长到四岁，且以培养兴趣为主。家长可以选择一些初始难度不大且有趣的项目，比如跳舞、不容易受伤的运动，以及一些动手动脑的课程。

学前班到小学这个阶段，家长可以或多或少地安排一些课外课，以孩子兴趣和需求为主要出发点。

从学前幼小衔接，到上学后的若干年，我就很少见到没有上课外课的孩子了。这不能武断地说家长有多功利，而更像是大环境现实下，不想辜负孩子或者是求心安的一种选择。

不过从自家孩子和身边朋友的孩子身上，我逐渐发现，拥有一门艺术或体育长项的孩子，在学校里往往更受欢迎，也更容易获得成就感与自信心。比如，儿子有个好朋友是学校的足球队成员，不定期会去其他城市甚至国外比赛，每次儿子和一群小伙伴都羡慕地念叨着“我要能像他踢那么棒该多好啊”。

而学校举办的各种艺术活动中，我们眼见着一些孩子，随着技艺与经验的提升，由最初的羞涩腼腆，到后来的自信洋溢，蜕变只是时间问题。

有人会说，孩子练这练那多辛苦，仿佛没了童年，但其实合理适量的安排背后，也应该看到孩子由此所获得的耐力、心智、毅力等各方面的宝贵能力。

每次儿子上完钢琴课回来的第二天，听他练新曲子，我这心都是揪着的。一遍又一遍，有的地方弹无数遍都弹不过去，我真有点儿担心他会忍不住崩溃。但其实一次都没有，他有时静坐两分钟，有时叹口气就继续，直至有一遍弹对，后面就连神采都不同了。

每次看着他在冰上重复着一个看似简单的动作，五遍，十遍，五十遍，整个过程就三件事往复——起跳，摔倒，爬起来。有时是三五天，有时是三五个月甚至更久，没有捷径。

他成不了郎朗，也不会成为羽生结弦，但未来人生路上遇到挑战时，我相信他没有那么容易一蹶不振，这就足够了。

课外课，几岁开始更合适？

很多家长喜欢问“孩子几岁开始学习某种课外课合适”之类的问题，我觉得考虑年龄的话，最值得考量、放之四海皆准的是两个方面：

一是孩子的身体是否能负担。比如一些运动项目，在孩子年龄太小，身体发育不成熟时，可能会受伤，得不偿失。

二是孩子的认知与专注力能否匹配。比如，围棋对身体没有伤害，但如果送两三岁的孩子去学，讲解都未必能听得懂，静心对弈就更不容易了。

除此之外，只要看孩子的个体情况就好。如有个例，那就特殊情况特殊对待，因为不同孩子间的差别真的很大。整体来讲，能力所及又不受伤害的体验，都是有价值的。

我家哥哥三岁多开始学花样滑冰，至少有一年多的时间，做家长的真是痛不欲生。隔三岔五，他就被教练轰出来了。原因嘛，不是蹲在地上抠冰块，就是教练示范的时候他跑了。学生从三四岁到十几岁，从零起点的“棒槌”到高水平准专业选手，教练每天又忙又累，哪有时间陪他在那里哄孩子……

这几年国内冰雪项目大热，我从美国回来后发现，冰场孩子的年龄越来越小，技艺也越来越高。当我再看到有的家长因为孩子不刻苦而大发脾气时，就禁不住回想起当年自己也曾有过的失控时刻。

如今再看，我是既理解家长，也理解孩子。一边是怒其不争，一边是正处于好动爱玩儿的年龄，硬被要求有板有眼举着小手，枯燥地一圈又一圈蹬冰。矛盾不可调和，只不过是因为时机与心理预期不匹配。

不是说不可以早早开始，但若早于前面提到的两个考量因素，你就得把预期降到地下室的高度，至于是收获了西瓜还是芝麻，甚至倒赔一头驴，都得有个心理准备。

在儿子五岁多时，我们终于开始过上略微舒服的日子，至少他能规规矩矩上课，“服从管理”了。但也仅此而已，尽管他认为自己拼尽了全力，但在你看来他依然是吊儿郎当。

同期冰场来了一个小姑娘，跟儿子初学滑冰时年龄相仿，个子小小的，看着超萌。那孩子太喜欢滑冰了，绝对称得上热爱，以至于家长每天不辞辛苦地穿越大半个城市，开车带她来上课，连幼儿园都不上了。

别的孩子只上三十分钟的课都要混时间，她高质量地上完一两个小时的课后，还要自己练上很久。我几乎从没见她父母吼过，他们只要在一旁陪着就好。她也从不跟冰上其他孩子玩，就一门心思专心练着。有时见她一个动作练不好，气得跟自己较劲儿，边哭边跳，直到练成。

一个刚四岁的孩子，如此倔强又好强，让人肃然起敬的同时，也更让我认清，没有什么绝对的开始时间，热爱的那一刻，就是最合适的时间。而若没热爱，何时开始都差不多。如果你不能判断孩子是否处于可以开始的时间，那么我的想法是，宁可稍晚也不赶早。

现在我根本不敢带二胖去看哥哥上课。每次她去冰场，都羡慕得无以复加，嘴里念叨着“我要滑冰，我要滑冰啊”。而看了哥哥参加钢琴比赛回来，数日里她都念念不忘“濑濑也跟老师上课，濑濑弹一个奖杯”。

从哥哥的经历看，我一点儿也不着急给她开始上课。若她真是那块料，五六岁再开始照样进阶神速；若她不过是叶公好龙，大人孩子都遭罪，不如多玩玩多读绘本。

从三岁多开始学花滑到现在，这是我们给孩子选课外课的经验（下）

课外课，学什么好？

若孩子能很快找到自己所爱的课外课，那就再省事不过了，绝大多数家长都乐于倾力支持。最难的其实是很多孩子根本不知道自己喜欢什么，更多的是遵从家长的选择。

我们一直的想法是给孩子保持一门体育类和一门艺术类的学习。学习类的课外课，除非必要，否则不出去上，直到他找到真正的兴趣所在。

我没办法给出一个具体项目的清单，因为每个人所处的环境、喜好与情况都不同，只想给大家几个选择时的考虑点作为参考。

1. 父母擅长或熟悉的项目，优先考虑

钱儿去学围棋，曾有过被老师主动退款的“光辉事迹”。而我们有一个电子竞技超厉害的朋友，钱儿从小就看他打游戏，朋友送他四岁的儿子去学编程，不到一年，就比六七岁的孩子还出众。那时我深刻感受到，父母完全不了解的项目，要谨慎给孩子选择，而父母擅长的事情，

容易成为如虎添翼的开始。

这些年我接触过的课外课项目不下几十种。我发现那些真正出类拔萃的孩子，极少有“棒槌”父母。提到自己孩子的项目，他们几乎都是如数家珍。有的家长是原本自己就精通，或是资深迷，也有的家长是“久病成医”，自学成才。

如果这两种情况都不具备，那么若是随便学学倒也无妨，但凡想走远，与孩子、教练和老师进行沟通，都可能会比较困难。

韩先生与儿子的画画老师每次上下课都会聊上好久，他们是无法抑制的那种聊不够。因为同为艺术类老师，理念相同，有颇多共鸣，因此也会给孩子带来非常正向的引导。

2. 可以将性别优势列入考量

选择与性别特征相符合的项目，是比较常见的做法。男孩选一些运动型的、相对激烈的课程，女孩选择一些柔美安静的课程，仿佛特别符合传统认知。但如果条件允许，在选项目时，其实不妨适当考虑性别优势，这是很多人都不会告诉你的一点儿小“心机”。

最初我们给儿子选花滑时，韩先生的考虑是，像花滑这样有独自展现机会的项目，并不是很多。你想，足球啊，篮球啊，在场上得多出色，才能被人看到呢？而各种乐器要能达到独奏，舞蹈达到独舞的程度，也得有一定的水平。但花滑的比赛性质就是这样，除非是队列或者双人滑，否则只要是单人项目，不管滑得多好多烂，都得你自己一人撑全场。

这并非要让孩子炫耀，而是这种单兵作战，是种极好的心理素质锻炼。对一些乐于展示自己的孩子来说，也更容易获得成就感和自信心。

后来儿子去参加滑冰比赛，满场都是女孩，有的年龄组男孩一共都不超过三个，用冰场其他妈妈的话说，你就是倒着上冰，爬着回来，一个动作都没做成，也能得金银铜牌。这种奖项当然谈不上什么含金量，但从激发和保护孩子的兴趣的角度来说，男孩就比女孩要容易不少。

还有很重要的一点是，性别优势有些时候会让男孩或女孩相对更容易触碰到优质资源。比如一位名师的学生都是女孩，此时女孩想打动老师投到门下，若排除人情因素，就不那么容易了。但如果这个项目男孩更容易出成绩，哪怕是个水平还不如这个女孩的男孩，老师可能也更愿意收他。

学了一段时间花滑后，为了配合课程，我们又开始了芭蕾舞课。我发现，儿子虽然动作笨拙，但走到哪里，老师都格外宝贝他，因为国内跳芭蕾舞的男孩太少了。

同理，有朋友送女孩去打冰球，学击剑，在进阶选拔时，女孩就比男孩相对更有优势。这某种程度上有点儿像田忌赛马，实力要有，再加点儿谋略就更好了。

当然，这都是从一个大的概率上来讲的，真正出挑的孩子，放在再多的人里照样能木秀于林，反之亦然。

3. 条件允许，选一个群体运动项目

要说我给孩子选课外课的唯一遗憾，就是没有给他选一个体育类的群体项目。其实我们也努力过，足球篮球他都不喜欢，球来了，人家喊一声他就躲开，实在没有办法。

群体项目和个体项目对孩子的锻炼是不同的。前者能建立孩子的团

队合作意识，树立榜样，帮助他们通过模仿来激励进步。同龄人之间的习得是很宝贵的，而且有一群小伙伴共同进退，孩子更容易坚持。而后者让孩子更独立，因为无人可依靠，喜悦自己独享，忧愁也无人分担，每次练习都孤零零的。如果有比赛反倒欢喜，对结果没太多介意，对每天能一起赛前集训倒是充满期待。

所以建议大家尽量给孩子选一个群体项目，哪怕是有队友但需独立或少数人共同参赛的项目。

4. 优先考虑便于练习和展示的项目

有人说“现如今孩子不会一种乐器，你都不好意思出门”。其实对我们来说，倒没什么不好意思，不会也不少块肉，他钢琴也没弹得多好。我们让孩子学乐器，更在意的是以此为契机，让他增加对音乐世界的接触和了解，而绝不是狭隘地能弹几首曲子就好。

话虽这样讲，但乐器五花八门，选择时也得有个决断。钢琴被称作“乐器之王”，小提琴被称为“乐器之后”，所以最常见的就是王和后里选一个。如果孩子和家长本身就五音不全或是乐感不强，要在键盘乐和弦乐中取舍的话，我建议优先选键盘乐。我曾听过五音不全的孩子弹久未调弦的古筝，一曲结束，当她报出曲名时，四座皆惊，一个音都不对啊……

我们选择钢琴，是儿子自己的主意。他之前上课外课看到老师弹，觉得十分羡慕，经过数轮沟通后，他一心想学，加上键盘乐是学其他乐器的基础，所以也就随他了。

我经过数年观察总结出经验，如果家长孩子都没什么想法的话，可以考虑以下几点。

·“便携”的项目，更容易坚持

乐器和体育项目一样，想保持好的状态，就不能三天打鱼，两天晒网，间断练习。

每次假期出门，我都和很多琴童家长一样头疼，钢琴带不走，纵使一些地方有时租琴房，也不如学长笛或者小提琴方便，拎上就走，练习也不容易耽误。

体育项目也同理，一位妈妈跟我们说，她假期从不带练习冰球的孩子去远处，最多三天就回来，怕久了孩子技术生疏。冰球装备有一大堆，要带一个巨大的包不说，到了地方还未必有冰场。她说：“你看人家学游泳的，一条裤衩游天下。”我打趣她说：“人家至少还有泳帽好吗？”于是我们笑作一团。

·尽量选择展示机会多，容易获得反馈的项目

孩子在学习过程中，来自各方的反馈很重要，尤其是处于学习初级阶段的年龄较小的孩子。好的反馈更易于激励孩子，而负面评价或者缺乏实践机会，可能会让孩子失去坚持的信心。

有时朋友聚会，几家孩子各自带上乐器，小提琴、笛子、尤克里里、吉他……直接就能凑一场演奏会。弹弹唱唱，特别欢乐，一旁的人也都受感染，如果有钢琴，儿子就一块弹弹，没有他就在旁边很羡慕地看会儿。

我有个大学同学，毕业后回了老家，她特别郁闷地说，孩子学编钟，四五年了都没有过一次表演机会。好多次都坚持不下去了，孩子也不知道学了要干什么，坚持了这么久，扔下又可惜。

我虽然觉得编钟音色也很美，但还是会好奇她怎么会在茫茫乐器海中选到它。朋友说起初完全是因为孩子的大伯是乐团的，有免费学习的条件。孩子开始也觉得好玩儿，就学上了。结果编钟体积那么庞大，家里肯定不可能置一套，就得跑去乐团练。可是学校里所有比赛和演出都不能把编钟搬去，孩子只有看别人展示才艺的份儿，因此越来越不爱学了。

我曾经在网上读过一位博主写的故事。她说学乐器的孩子很苦，但她很感恩在每个时间节点上，都遇到了正面的反馈。在她小学毕业练不下去时，因为被选中在中学入学演出进行钢琴演奏，她又加紧练习。当她从台上看到下面那么多双称赞的眼睛时，第一次感觉到这件事带来的成就感，自然也就不再纠结，继续练琴了。她在高中时曾想放弃练琴，却遇到了会弹吉他的初恋男友。两人借着互相教乐器的机会，不但一起考上了很好的大学，而且还相恋直至结婚生子，生活幸福美满。

我们的滑冰教练特别主张孩子多参赛，多上人数多的大课，目的就是让孩子有更多自我反馈和调校的机会。这点最初我不是特别理解，后来看多了，也就慢慢明白了。

5. 频次较高的课外课，离家近才是王道

人人都知道好老师难求，所以我见过不少父母，为了一门好课或者一位名师，带孩子跑很远的路。这对水平到了一定程度的孩子，或是一些频次不高的项目，是适用的。但若是上课频率很高，比如一周要去三四次以上，路上的时间成本，就一定要列入考量范围。因为你不是去一两次就算了，而是长年累月。

我们每次上滑冰课，来回路上和上课时间，至少要花三个多小时，

一周要去三四个晚上。孩子在低年级时，要做的事情比较少，尚可以坚持；到了高年级，我们就觉得时间捉襟见肘。毕竟人生除了这件事，还有太多要做的、可做的、想做的事。

虽然路上可以安排很多项目，比如在车里吃饭、小睡、听故事、谈心，但为了保护眼睛，一切需要阅读写字的事情都没办法做，那么作业就只能在冰场见缝插针做，或是回家后再做了。

儿子对如今的作息安排已经非常习惯，所以倒也不是很大的问题，但辛苦还是难免的，大人和孩子都是如此。所以，好几次去步行就能到的钢琴老师家上课，我和韩先生都会仰天长啸，钢琴课为什么一周就一次呢?

给孩子漫长的“热爱”时间

特别想提醒大家的是，要允许孩子，有漫长且曲折地找到“热爱”的过程，成人尚有诸多不知所爱，又何苦勉强孩子呢。而这个等待过程，不是说要家长守株待兔，什么都不做。除了帮孩子培养兴趣，或是陪孩子去发现兴趣外，有时机缘来了不放过，也可能产生意想不到的结果。

我一个朋友的女儿，原本是那种学习整体不错，只有数学略差的。因为孩子对数学没什么兴趣，又坚决不肯去上补习课。

在一个周五的深夜，孩子的老师联络朋友说，第二天有个数学竞赛，组队的四个孩子中有一个突然骨折去不了，问了好几个家长，都因为各种原因没法替补，所以问朋友能否在周六早上五点送孩子去车站。朋友问了一下女儿的意见，小姑娘觉得好玩儿便应承下来。

那次比赛，其他三个孩子准备了很久，老师也很有经验。用朋友的话说，她女儿去了主要是“凑个人头”，真正在赛场上，还是靠那三个孩子居多。最后大家拿了块金牌，皆大欢喜。

这次比赛让朋友简直措手不及，得奖后的孩子对数学兴趣大增，回来央求朋友一定给她找个好老师补习，说是要进奥数队。一年后，小姑娘已经是奥数队的主力了，风雨无阻从不缺课。朋友说当初要是有一点点怕麻烦没去这一趟，也就错失了让女儿爱上数学的机会。

我们家孩子全部的课外课安排，都在这里了（上）

每周有三四个晚上，儿子放学后要去上滑冰课，具体安排要听教练每天通知。有时是韩先生独自带他去，有时我俩一起。去的路上，孩子在车里边听故事边吃饭，然后小睡一下，养精蓄锐。到冰场热身、换装备，上课时间是 1~1.5 小时，下课稍微练上一会儿，下冰跑跑稍作放松，就得赶紧走。

如果结束时间早，我们就在冰场附近找个餐馆，把公文作业和学校书面作业写完，再开车回家。若是晚了，就只能先赶回去，路上他可以再迷糊睡会儿，到家接着写作业、读书、画画。好在回程路上，他可以一路心无旁骛地听爸爸讲的故事，这是让孩子特别满足的时刻。

这一周余下的三个晚上，一天是钢琴课，一天去公文教室，还有一晚完全没有外出安排，他可以相对悠闲地练琴、读书、画画。周末的两天，一个白天我们推掉所有安排，让他早上起床后在一小时内写完作业，余下时间全部让他玩儿。另一个白天，他要在老师的画室里，画上一天画。

这是无数家长想要知道的，我们目前给孩子安排的课外课时间表。看上去他几乎每天都在忙，滑冰、钢琴、画画和文化课，四个方面都有顾及，但因为形成了规律，且对各科的投入与要求并不相同，再加上给了孩子虽然不算多，却也挺宝贵的一天放空时间，因此时间表整体运行良好。

课外课，要上就不要“佛系”

关于课外课，很多父母会因为孩子没有爱好而进退两难，其实看多了你就会发现，即便孩子深爱课程且很有天赋，家长同样难逃纠结的境地。要不要进阶，是否要投名师，一群有天赋的孩子里，自家孩子的天赋和努力是否能支撑他脱颖而出？所以爱也忧，不爱也忧，谁都不比谁轻松。

在孩子上课外课这件事上，我和韩先生从来不“佛系”。这句话可以分四个角度来解读。

1. 上与不上不“佛系”

我从不觉得不上课外课，就一定是保护孩子天性与兴趣的最好方式，而且我也做不到看着别人都上课外课，自家孩子什么都不学，而完全无感。所以课外课这件事，要做到既不猛冲，也不“佛系”，打定主意就上，把注意力放在怎么正确引导孩子上，不纠结。

2. 选老师不“佛系”

既不凑合，也不盲目跟风，选择自己能力范围内能请到的最专业的老师。这种专业，既包括专业技能，又包括对行业的前瞻性认知，以及职业信仰与自我要求。

3. 上课时不“佛系”

跟孩子约好，要么不上，要上就认真上课，好好坚持。三天打鱼，两天晒网，或是心情好就去，不好就算了，这都是不允许的。让孩子从开始上课那天起就明白，即便是体验式课程，即便是好玩儿又愉快的课程，上课就是上课，它与去游乐场是不同的。该有的秩序，该遵守的规则，该投入的精力，都要慢慢给孩子建立意识。这个过程可以缓慢，但不能没有。每次上课，都要提醒孩子全情投入，尽力而为。

此外我们始终坚持，无论是艺术还是与之相通的体育，孩子在达到该专业领域入门程度之前，是没有资格谈喜欢或不喜欢的。请你先了解自己做的是什么，再谈喜不喜欢。

4. 对孩子的要求不“佛系”

无论选择哪种项目，我们可以把对孩子的预期放到最低，但不能“佛系”到没有要求。人都是有惰性的，成年人尤其理解什么叫“容易原谅自己”，孩子也是如此。初期可以给孩子充足的时间去摸索，但若是原地踏步的时间太久，或是心猿意马地凑合上课，那就需要分析一下，是孩子没有动心，还是确实处在质变前的正常量变阶段，继而做出调整。

真正的好老师，都是有要求的。家长和孩子的进取心、配合度和投入状态，一定程度上会影响老师对孩子的投入。这一点不少人没有考虑过，而是更多地关注自己和孩子的想法。但我要特别提醒大家换位思考，若你来做老师，能接受或者期待怎样的学生，想想便知。

时间的绝对投入

可能有人会觉得，我给孩子安排四门课外课，已经不少了。其实我见过太多的孩子，一周十几门不同的课同时进行着。

不排除有天资过人的孩子样样精通，但他们大概率很难兼顾。即便孩子要尝试，也主要在学龄前或小学低年级时。到了高年级，三四项课程已经不少了，想做得相对较好，还得在其中选择重点课程。数门课程同时进行的难度之大，家有适龄孩子的家长都清楚。

此外，除非孩子真的在某个方面表现出极其异于常人的天赋，否则规律的文化课学习与持续性的阅读，是永远不应该放弃的。课外课不是孩子人生的全部，他们还有生活，还有外面的世界，还有更多未知。家长要接受“大多数孩子上课外课，就是培养一门兴趣，而不会走上专业道路”这一现实，放低预期，然后陪着孩子往前走就好。

我儿子几年前学滑冰时，一周上四五天课的孩子，就已经被称为“劳模”了。去年我从美国回来再去冰场，真有旧貌换新颜的感觉。孩子一周上四五次课不算多，每天上两三场冰也不罕见。此外还有两点感触：一是看着小小的孩子，技艺比当年的同龄孩子高出不是一星半点；二是随着越来越多元化的选择方式出现，孩子们也出现了各种分化。

有两个孩子的经历让我印象深刻。

一是一个精进迅速的女孩。有一天下课，钱儿自己练习蹲转时，重重地摔了一下。彼时一个正做课前冰上热身的女孩，不动声色地过去要扶他起来，还低声对他说了点儿什么。钱儿已经到了羞耻心爆棚的年龄，他拒绝了女孩的搀扶，赶紧自己站起来，但没有忘了向她道谢。

这一幕看得我心里很暖，下冰后我问钱儿：“她刚才对你说什么了？”钱儿说：“她特别友好，不但要扶我起来，还问我磕疼了吗，又对我说重心要放在右腿上。我试了一下，还真的不太一样了呢。”

我于是留心观察了这女孩，才发现她滑得超级好。听其他妈妈说，她家原来在一个南方城市，据说她上学时坐不住，精力集中不了，家长经常被老师喊去谈话。后来偶然的机会接触到北京的教练，发现唯有花滑能让她专注而投入，于是就举家迁来了。而这孩子也确实不负家人折腾一场。她飞速进步，别人学两年都未必有她一年的长进大。

另一个孩子，是钱儿的大师哥。钱儿离开冰场的那段时间，他还是高阶准专业选手，等我们重回冰场时，他已经代表专业队参赛了。

大师哥的妈妈应该算得上是冰场里我最佩服的一位家长，没有之一。这么多年来，她对孩子的支持风雨无阻，从开始的一周四五天，到如今的一天两三场训练，从各种技术参数，到运动机理，从世界名将的成长史，到世界著名教练的行踪……关于花滑，我发现就没有她不知道的事情。更难得的是，她与每个人都相处很好。我与她走动不算多，但凡有事问到，她一定知无不言，每每都让我觉得感动又感激。

大师哥现在已经不去学校上学了，每天白天去冰场训练，晚上在家上国外的网课，算是 home school（家庭学校）的一种，没有一天不熬到深夜。

除了这两个孩子，还有家长为了孩子滑冰，移民到长于冰雪项目的北美地区；有的学校出资金支持，奖励那些在市级以上比赛中取得名次的孩子，他们每天下午不用上课，就在冰场训练，学校已经将训练费拨给冰场了……

这里的孩子形形色色，不管是训练时间的投入，还是获得的背后支持，你的孩子与人家的都不可同日而语。然而无论是热爱之下的奋斗，还是并不热爱却不得不做的坚持，绝对的时间投入都是提高自身水平的不二法宝。

所以此时，作为家长，就一定要有自己的判断，在苛责孩子或是提要求时，想想给孩子的安排，是否首先保证了足够的练习时间。然后在此基础上，要考虑取舍与主次。时间就那么多，花在了哪里，无论爱与不爱都会长进，无非量的差别。但若什么都想要，极有可能什么都是蜻蜓点水。

一切都想兼顾，或许什么都得不着

无论何种项目，当孩子学到一定高度时，你会发现，同水平的孩子很少有许多门课外课同时进行的，一定都有数量限制，以及主次之分。

我甚至见过一些专业老师和教练，在将孩子收入门下前会明确表示，不允许孩子同时上其他课外课。如果不能保证每周五天以上的上课时间，或者每天至少两小时的练习时间，就干脆别学了，等等。

我和韩先生都是那种如果孩子喜欢就会全力支持的家长。但我们综合评估了一下我家的 late bloomer [①]，得出以下几个结论：

首先，滑冰、弹琴、画画，他都不排斥，但也说不上热爱。让他停哪个他都不想，但也没见他在哪个项目上废寝忘食。因此，我们觉得他尚未迎来任何项目的“热爱”时期，在保持规律学习和练习的同时，要认清学习和大量阅读依然是最重要的事。

其次，钢琴与滑冰，同样需要大量时间投入和重复练习。所以要想同时坚持，就只能重点投入一项，而对另一项降低要求。根据孩子的当下水平与兴趣，讨论过后，我们一致决定把精力留给滑冰。

---

① late bloomer，晚开的花，喻指学习等方面开窍晚的人。

花滑不是一项单纯的体育运动，它对选手的音乐素养、肢体美感和竞技技巧，都有要求。所以严格来讲，若真想在此领域有所建树，除了大量的有效练习外，音乐、舞蹈、形体、体能等方面都是需要进行专业学习的。而我们既不打算，也没可能让孩子走专业道路，作为一个相对擅长的兴趣，我们希望孩子至少能拥有良好的音乐素养。

在时间安排上，既然我们不把钢琴当作主课，那么也就相应地对练琴的时间和细节要求不那么苛刻。自从这样安排了，孩子练琴时我们很少再吼他，更多的是鼓励。每周除了上课，他通常只有三天会练琴（有时下滑冰课略晚就不练了，怕吵到邻居），每次练二十分钟还是练一小时，由他自己说了算。

我不要求他弹多好，唯一的标准就是下周去老师那里能回课，别把自己搞得下不来台。当然我们也会主动跟老师沟通，明确诉求，老师也会酌情教授课程。钱儿曾经有过一次因为偷奸耍滑导致回不了课，被老师打发回家重练的窘境。其实那天正是他的十周岁生日，所以让他印象深刻。不过从那之后，类似的事情再也没有发生过。

再次，公文课每周只需要去一次教室，其他日子他在家自己做题，平均每天花费的时间不超过半小时，所以可以继续。

五年了，要说从中学到多么超前的知识，我觉得在我儿子身上体现不出。但我和韩先生更看重的和更觉得宝贵的，是他一天也没间断过的这种坚持。前不久儿子学校去露营，他非要带着公文作业，说抽空做了不能耽误。我有点儿于心不忍，就说这一天就别做了，痛快玩玩没事的，周末补上就行。他却非常坚决地说当天事不想拖。

坚持的力量是很可怕的，从知识的积累到毅力的养成，五年时间，没有说教，只是随着时间嘀嗒走着。

最后，画画这件事，没有争议。意外偶得的老师，却让儿子成了一个求知若渴的“顺毛驴”。这是他自己主动要求上的一门课，令我们非常开心。

孩子处于低年级时，多尝试，广撒网都没坏处，以培养兴趣为主。到了高年级，至少有一门相对较好的特长，能在一定程度上缓解大人和孩子的焦虑。而若能搭配既不让孩子觉得特别劳累，又很喜欢的科目，孩子会比较容易坚持下来，对其他科目也有带动作用。

好老师，未必适合你的孩子

关于给孩子选老师，我要讲两个故事。先说钱儿的画画老师吧。

大多数夜晚，当他做完一天的事情，总会拿起画笔，静静地画上一会儿。有时是临摹，有时是速写，有时是创意，有时是素描，也有时是他喜欢的漫画或者小怪人儿。虽然画得在外人眼里可能算不上好，但敝帚自珍，我和韩先生每天都盼着他的新作，哪怕是信手拈来的寥寥几笔，在父母眼里也很宝贵。

有时我觉得不可思议，每个周末有一整天，他就窝在老师的画室里，从晌午到傍晚，笔耕不辍地画着。平日在家写个作业他还经常头疼屁股疼，肚子饿后背痒痒，少不了过一会儿起来溜达一趟，在那里却总是能待得住，安静得下来。

儿子从学前班开始经常画画，不算喜欢，也不抗拒，只是画。他下笔果决，从不犹豫，故而非常高产。我咨询过画家朋友，还有一些专业老师，都不建议让孩子过早学技法，主张让孩子发挥创造力，随喜好画就好。于是我们给他买了不少画本和画笔，天马行空由他去。

他看绘本和漫画很多，到八岁多时，已经开始画自己原创的“青椒精和蘑菇精”系列。有些地方他的脑子里有想法，但却不知如何呈现在纸面上。于是他开始问相关问题，比如怎么让一个人看着是立体的而不是纸片式的？虽说艺术是相通的，理念可以大致讲讲，但我们向来秉持着“把专业的事交给专业人做”的理念，开始考虑为孩子选门画画课。

不久后，一位朋友推荐了一个绘画机构，我带儿子去试了一次课，老师专业且有耐心，感觉不错。考虑到离家不远，偶然又发现竟然有三四个朋友的孩子都在那里上课，且画得都不错，就决定在那里上课了。

最初几次课，儿子还挺有兴趣。说真的，那课程设置连我这个成年人都觉得有趣，既有知识讲解，又有手工，还有绘画，是一种让孩子较为全面接触绘画的打基础阶段的设计。为保护兴趣，基本不讲技法，但老师会谈一些简单的构图原理。

每次下课后的作品展示时间，儿子总是画得很“个色”。有一次老师讲“近大远小”，孩子们临摹的是江南街景，石板路黑白小房子，古色古香，由远及近。我却发现儿子画了一纸小人儿，老师实在是太好脾气了，不但不批评，还笑着跟我说：“Michael 说他不想画房子，就想画乐高小人儿。所以我答应他，只要能体现近大远小，画什么都行。您看，他这些小人儿，近处的大，远处的小，原理是听懂了。”

我当时都不知道说什么好，心里觉得怪对不住老师的。转头再一看，好嘛，纸上满坑满谷，天上地下，全是乐高小人儿。我这个心啊，“拔凉”都不够，得是“冰镇”的了……

后来儿子上课渐渐就不太积极了，有两次竟然在画室里边画边哼歌。我知情后，对老师说一定要严格要求他，这种打扰别人的事，不能容忍。但老师还是很节制地不批评孩子。虽然后来给儿子换了老师，我也依然没有退掉剩余的课程，准备给二胖留着，一来老师们都很好，二来我感觉会适合她，当然这是后话。

在跟儿子长谈后，他说老师教得很好，对他也特别好，但教的东西不是他想学的，他很纠结，上课没办法投入。那时正好有一个阶段性活动，与他画画课时间冲突，所以他想先参加活动，过一段再说画画的事。

我与韩先生决定尊重他的意见，跟老师商量先把课停下，酌情再看，心中想着，画画这事儿八成得黄。

时间就这样过去了几个月。突然有一天，我在朋友圈偶然看到一个孩子的画，画得非常好，还有一些相关介绍文字，当时我就激动了。那个孩子比儿子要大上几岁，他的心路历程、绘画经历、画风以及所看的漫画，几乎跟儿子都是同样的轨迹。要说唯一的不同，就是他已经有自己的创意并掌握了一定的技法。

我无法再淡定下去，迫切想要找到这个孩子的家长，看能否联络到他的老师。我不着急让孩子学技法，只想找到能解答他画小人儿的困扰，并保护他画漫画的兴趣的老师。

感谢从中牵线的每位朋友，终于有一天，韩先生与我，带着儿子和厚厚的画本，站在了老师面前。见面老师就说，本来学生就满，况且学技法不宜太早，所以不收 12 岁以下的孩子，老师的学生基本都是初中以上的学生。

我想了想，我家“淡定哥”钱儿同学，肯定也是行就行，不行就算的主儿。毕竟老师画室里，都是极为专业的素描和水彩作品，都不是他感兴趣的。没想到儿子斩钉截铁地说：“我要学，我就要跟这位老师学。这些画太厉害了，我也想画成这样。”

老师看过儿子带去的画笑笑说：“技法完全没有，但想象力和画画的热情满溢又难得，如果每个周末能和哥哥姐姐们画满一整天，就来吧。”

从此后，风雨无阻。

我们的想法，与老师的要求完全不谋而合。基本功应该打扎实，但在这个年龄段，也不希望磨掉孩子的兴趣和宝贵的想象力。

自此，以前说到素描就畏难的儿子，每回都是上午乖乖静心从头学起，一笔一画地画素描。等午后老师的要求完成了，就允许他纵情画一下午小人儿。老师会隔三岔五跟他讲小人儿的眼睛、鼻子、嘴、身体结构，怎么一点点调整。我们眼看着他的笔触从杂乱无序，开始变得有耐心、有章法。

老师都是好老师，但倾听孩子的声音，找到真正适合他们的老师，有时真的需要父母多花一点儿心思。如果当时我们武断地斥责孩子，硬要他坚持下去，不做调整，他的绘画热情未必是如今这个样子。

茫茫人海，要找一个素不相识的孩子背后的老师，我们没有什么通天本领，无非就是锲而不舍。而老师收与不收，即便收了，又是否适合孩子，都是未知数。但你不去努力一下，就永远不知道答案。

有时孩子没有找到“热爱”的原因很多。除了自觉意识未达到之外，可能或许只是没有遇见对的人，没有遇见让孩子服气的人，或是没有坚持努力最后一下。

我们家孩子全部的课外课安排，都在这里了（下）

我们能为孩子做什么

即便是热爱某个项目，自发自觉投入其中的孩子，也不可能一帆风顺。懈怠期、厌倦期、瓶颈期或者低谷期，都再正常不过。这种情形下，不要埋怨，也不要尝试以理服人。能够给予孩子足够的尊重和理解，比讲大道理更容易帮孩子度过这些时期。

无论何时，家长都要做好曲折前进，甚至最极端到放弃的心理准备。前功尽弃的遗憾，并不比鱼死网破的坚持更糟糕。当然有很多办法可以激励孩子，让他们尽量避免走到这样极端的境地，帮助孩子克服困难，振奋起精神。

1. 条件允许的情况下，父母尽量多陪伴

各家有各家的情况，父母也要有自我空间，这些话就不赘述了。不是说家里老人或阿姨接送孩子就不行，但不管谁负责孩子，都请爸爸妈妈们不要秉持着“送去上课外课就交给老师了”的心态，一定要有监管，有反馈，回来最好还有陪伴孩子的复盘过程。了解孩子进展的同时，也

要与老师保持良好沟通。

我遇见过特别会哄家长开心的教育机构，每次下课都把孩子夸上天，说他们不但有天赋，而且勤奋努力，神仙一般无所不能。要不是还有一丝理智，我差点儿就信了。鼓励孩子当然是好事，但若夸张到连家长都能识破的教育机构，就应该及时远离。

但若你从不过问，看孩子拿回来的作品觉得都奔着毕加索去了，那么突然有一天发现全然不是那么回事时，是苛责孩子，还是抱怨花了冤枉钱，以及更宝贵的时间呢？

有次去朋友家蹭饭，听她家阿姨讲起，以前在一家做事，男女主人都忙，所以给司机和阿姨做了时间表。家里三个孩子，每天到点有的是老师上门上课，有的是司机送去上课，看上去安排井然有序。

但是阿姨进去端茶倒水时发现，有的老师开始时认真上课，后来就和孩子相顾无言地耗时间，或是各自玩手机，再不然陪孩子聊天，哄孩子高兴，直挨到下课。

阿姨说反正学了什么，学成什么样，孩子的爸爸妈妈都是不管的，但因为可观的课时费，所以老师很愿意来。只要孩子不反感，这份事情就能做下去，至于孩子不爱听课，就捡他们爱做的糊弄好了。

阿姨说：“每次孩子妈妈拿着孩子成绩单说‘怎么会这样’的时候，我都在一旁暗暗想，孩子上课的时候她在家一次或问问孩子嘛，就知道原因了呀。”

2. 与孩子共同找问题，解决问题

有一天滑冰课下课前，我一边给儿子拍视频，一边留意他脸上快绷

不住的情绪。下冰时，他还一脸严肃，可一到我和韩先生面前，就忍不住哭出声来。

我们已经许久不见他在滑冰课落泪，真有点儿小男子汉的样子了。那一刻我搂着他，他边哭边说：“我想做好啊，我真的尽力了，但教练还是不满意，说我不卖力，我真的想滑好啊！”

韩先生把他搂过去，平静地说：“爸爸妈妈都相信你尽力了，但问题出在哪里呢？妈妈拍了视频，要不，咱们看看？”

儿子点点头，看了连一分钟都没有，他就已经忘了哭，而是眉头紧皱地说：“怎么回事，教练说完话，做完示范，我的动作跟之前还是一样没变化，我明明已经努力照做了啊！”

韩先生点点头说：“有时人的所感所想所为，外在体现可能与预期有偏差。”儿子立刻明白了：“教练是因为说完我看不到变化才生气了，我哪怕还是失败，但动作有所调整，他也就不会说我不努力了，对吧？”

“呃，我猜是吧，不过我不是教练，下次你试试看呢？”韩先生说。儿子点头。韩先生又找出手机里很久前拍的视频给儿子看：“瞧，每次爸爸妈妈看这些都觉得你真的很棒。明知要摔倒，还是一次次咬牙站起来，再摔再起来，练了多久才站住的，真是不容易。”

我接着说：“爸爸和你一样有这种耐力，换作妈妈可能就放弃了，你却没有，你比妈妈强。”真的，这是我的肺腑之言。

儿子似乎一瞬间“满血复活”，又回到冰上说自己练会儿。

3. 为人父母，多做少说

儿子从学前班开始做公文作业，最初只做数学，后来又加了语文，每天数页。这些年来他做的所有公文作业，我们都给他留着，堆起来应该有不止一人高。

在最初阶段，我每天都会做表格详细记录他做题的情况。后来在公文中心发现有专门的分类封壳，老师都是这样存放，于是我也托朋友买了回来，每月语文数学各一本，一点儿一点儿帮孩子都整理好。

儿子的画也很多。最初我们会不定期地选一些，装裱到画框里，挂在家里和工作室，给孩子一种仪式感。后来我发现，在光照足的地方，画会晒褪色，真是给我心疼坏了。于是我改成用大大小小各种尺寸的资料夹，按时间分类收集他的画。

自从儿子上了画画课之后，他的画作尺寸慢慢规律多了。有时晚上孩子们都睡了，我和韩先生就坐在地板上，梳理一两周内儿子的画，一张张放进夹子存好。不知不觉，十几个大夹子就满了。若是有模仿原画的，我就打印出参照图，以免日后不知道来源。

我还会不定期地把他速写的各种人物扫描成电子版，然后用空白明信片打印出来，存放进小尺寸文件夹里。每张卡片背面都标有作品日期，方便他翻看和一点点发现进步。

此外，我会在每个月的月末和孩子一起确认下个月的时间表。基本框架是不变的，我们会根据实际情况做微调。最初是由他手写，后来为了操作简便，我用电脑做成了表格。这个表格非常好用，有了它，晚上回家后的时间，我基本不用操心孩子，他会自己安排支配。

我不需要孩子感恩

做上述事情时，我和韩先生从不会对孩子标榜什么。既不发“爸妈陪你上课累死了，冷死了，花钱花时间，你还不好好上课”这样的牢骚，也不说“你看，我给你整理，给你做表格，给你做了这么多事，你不好好学对不起我”之类的话。他若没发现，我们连提都不会提。

有一天，儿子睡着后不知为什么又爬起来，他看到我和韩先生正翻看那些画，就跑过来凑热闹说：“这么早以前的画都留着呢，那时候画了些什么呀，这么乱！”

韩先生笑笑说：“你妈是老母鸡型，你的东西什么都舍不得扔，全留着。”儿子眼睛亮闪闪地问：“妈妈，你们真的那么宝贝，那么喜欢我的画吗？”我特别真诚地点头，对他说：“每张都宝贝，但不是每张都喜欢。”

儿子很感动，他从不知道我们收纳了这么多画，整理得好好的，还大半夜翻看。他说：“那，要不明天我画一张速写送你，这次我更认真画，争取把你画得很美……”我心满意足了。

付出感特别容易导致父母心理失衡。时间、金钱和因为陪伴孩子而来不及实现的一切，都极容易在对孩子的期待幻灭那一刻集中爆发。所以我们从最初就认定，这是我们为自己而非为孩子去做的事。我们愿意陪伴孩子，愿意为他们付出，愿意整理他们的作品，舍不得他们每一笔成长记录被遗失。一切都是我们自己的选择，因孩子而起，却又与孩子无关。

我和韩先生有一个共识，那就是我们教育孩子要对每个善待或扶助自己的人心存感恩。但我们却从不对孩子说“将来你要感恩自己的父母，我们太不容易了啊”这样的话。

你怎样对待孩子，你又怎样为人处世，孩子都是看在眼里，并放在心上的。无须多言，行动胜过一切。

我们只希望，若干年后当孩子们成年了，无论何时想到自己的父母，脑海中都能蹦出两个字——温暖。我希望孩子们有“爸妈都超爱我”的底气，有无论经历什么挫折，都能毫无顾忌地回家，任性倚靠父母遮蔽风雨的信心。

至于感恩，则是不必，我与他爹真是无暇消受。彼时我俩可能忙着到处旅行或者埋头打电玩去了吧……

第 4 章

积极的沟通与调整才最有效

孩子们越来越大，

大到慢慢可以指正父母的不妥行为了。

而我们做父母的，不妨越活越小，

小到能真正虚心、谦卑地听进孩子的话。

孩子也不傻，你压迫他们，他们有的是办法对付你

有天晚上，下了滑冰课已是很晚，儿子草草地把课外课作业应付完，说再画一会儿漫画就睡。

我本是准备劝他第二天再画，睡晚了早上遭罪，说话间随手拿起他的作业，瞥见那字儿都要起飞了一般，于是就忘了跟他说话，而不自觉多看了几眼。这一看不要紧，简直让我大吃一惊。

那份英语作业，形式上是阅读填空。一段文字，后面跟着几个问题，题干已经给出了，每道题都有横线，要孩子填空。我发现他这份作业写得十分诡异，有的空填得又多又满，我根据关键字去原文里一下子就能找到答案，写得是对的。可也有的空，却只有寥寥一两个词，不用仔细看，凭第六感就知道驴唇不对马嘴。谨慎起见，我也找了下文中叙述部分。是的，我一点儿都没冤枉他，完全是错的。

我的第一反应是没想通。如果是没读懂呢，应该都是错的；可如果读懂了，那些错处实在错得太匪夷所思，很像是从文章里随手摘一两个词写上凑数的。

我拿给韩先生看，他不愧是“老猎手”，一下找到命脉，只听他大声问儿子：“钱儿，你是不是糊弄作业瞎写呢？”

儿子小嘴一撇，竟也不推脱不辩解地直接承认了。他镇定地说：“是的，我太累了。不过我也不都是瞎写的，也有我的心情在里面。你们会

发现，有些应该是对的，有些是瞎写的。我也没那么笨，都是有比例的。”

天啊！你瞧他还振振有词，一套一套的。听他这样讲，我的火气噌地就冒起来了。愤怒间，竟都找不到合适的措辞来批评他。我于是有些粗暴地对他说：“你作业给谁写的？你又在糊弄谁？不写就彻底别写，我们都不需要你应付。”

儿子的倔脾气也上来了，他梗着脖子回我：“不写就不写！我这么累，而且最近作业越来越难，时间越写越长，总也写不完，我都没空看书画画了！”

不等我接话，韩先生主动接过了接力棒。我原指望他帮我吼掉半个房顶，那样我就不至于这么气了。可他语气虽严厉，却对儿子说：“事情总要解决，你看这样可不可以——现在请你把刚才的作业擦掉，然后用你的真实水平好好做一遍，让我和妈妈看看真实的你有多棒，或者有多糟，然后咱们再讨论怎么调整，好吗？”

我以为儿子会拒绝，但他欣然同意。为数不多的几页纸，很快擦得干干净净。此刻我的情绪也平复下来，内心无限感激韩先生拦住我们两个精疲力竭的人，免去了一场不理智也不平等的争执。

在儿子动笔前，我耐心地对他说：“妈妈想跟你提前沟通一些事情。之前很长一段时间，你的阅读作业都是 fiction（小说类），有故事情节。你读书随妈妈，对于内容联结紧密的故事，读得快且记得牢，所以那时你总能做得很快。可刚才我看了今天的作业，发现最近你们读的都是 non-fiction（非小说类）了。这种科普类或者说明性的文字，对你来说虽然单词难度并不算高，但趣味性欠佳，信息量大，读起来可能会觉得没那么有意思。”

儿子使劲点头，仿佛终于遇到了知己。我又说："我发现你作业做完后，整页没做一点儿标记。这样的话，答题时会很累，每个问题都要重新去找。所以这遍做的时候，你不妨考虑试试先把问题扫一遍，画出关键词再去读原文。"

儿子说："这种办法我试过，但有的题我能直接找到答案，有的就不行了，需要自己总结，所以后来我就不用了。不过想全读完后都记住，确实太难了，我照你说的再试试吧。"

接下来的时间，书房里静悄悄的。几乎只用了不到近期每天平均时间的一半，他就做完了。我们拿出答案对了一下，没有拼写错误，三四处与答案不一样的地方，也只是多了或少了一两个无关紧要的词，就类似"他开心"和"他很开心"这般，完全不影响答案的正确性。

儿子看了一眼时间，不敢置信地说："最近每天都得做四十分钟到一小时，刚才我乱写也是因为四十五分钟都没写完，我真的烦了。可是这一遍怎么不到二十分钟就写完了，而且一点儿都不觉得难。画了关键词就很好找了啊，以后我可不会再瞎写了。"

韩先生趁热打铁地对儿子说："咱们从来都说，遇到什么样的难处，都可以和爸爸妈妈沟通。晚上累了，有课外课的原因，也因为你自己磨蹭。但无论因为什么，都可以商量出解决方案。比如今晚先睡，明早写，即便是第二天非交不可的作业，咱们也能跟老师解释下，明晚补上。只要不是常态性的拖延，都是可以理解和通融的。然而你采取瞎写的方式，且不说你对自己负不负责了吧，你对老师的尊重在哪里？老师要花时间去判你的作业，看到的是你应付瞎写，谁的时间不宝贵？"

儿子非常认真地把这些话听了进去。那之后的几天，同样的作业量，同样的难度，再没见他叫难，花的时间也越来越少。每天做完我们一起对答案，除了一次他把 separate（分开的）误拼成了“saparate”，其他再无一处错误。儿子惋惜地说：“哎呀，我这真是功亏一篑，真是的，明儿得瞪起眼睛来……”

这件事让我和韩先生也有所反思。

一方面，孩子的情绪变化，我们是有所察觉的，而我们的主要疏解方式，是鼓励他说“肯定行的，加油”。然而回头来看，症结没有从根源上解决，它就像一颗隐形炸弹，总有爆发的一天，而不会自行排除。所以一味地鼓励，并不是解决所有问题的万能钥匙。只要及时沟通和调整，哪怕炸弹已经爆炸也有补救机会。

另一方面，我意识到孩子即使处于一个相对平稳的学习阶段，情绪上也会暗流涌动。他读书非常多，所以我根本没有想到，他会想不出调整应对阅读题材变化的方法。用读小说和人物传记的思维去读科普文，信息的获取方式与截留方式都不同了，于是化作了难题。他日复一日地从想要征服，到无力处理，再到消极应对……

如果他能自己在走过弯路后找到解法，自然是最好的。但在这之前，他的意志被大量消磨，我觉得这种磨炼意义不大。若是我们能及时发现，就如同那晚一样点他一下，他立刻就懂得如何调整。不是所有的能力都需要靠孩子碰壁获得才最好。

记得去年跟一个朋友聊天时，她儿子在北京一所知名小学就读。她说学校给家长开讲座，说无论如何不要“压迫”孩子，不要试图让孩子顺从，还是应该多理解孩子，多去沟通。

这话听上去会被不少人视作空话，谁愿意“压迫”呢？谁不明白“哪里有压迫，哪里就有反抗”的道理呢？然而现实就是，很多时候，孩子是没有选择权的。怕你学习落下，送去补习主课；怕你身体不强健，送去运动；怕你没艺术细胞，送去学音乐和绘画……

除去那些自我意愿强烈的“别人家的孩子”，相当多的孩子还是处在“被上课”状态下的。他们能说“不”吗？不能。

于是，朋友继续说，校长讲了自己在学校的所见所闻。校长说：“孩子也不傻，你压迫他们，他们有的是办法对付你。放学后你不是给我排满了吗？东奔西跑，我都咬牙去，琴棋书画我都来。白天上学的时候，我就趴着睡觉养足精神；晚上等你看见我的时候，我又是好汉一条。”

当初我们聊天时，说真的，我是把这当段子听的，大家笑笑就过去了。可儿子按比例瞎写作业这件事，足足实实地给了我当头棒喝。这跟校长所说的话，完全是一回事吧。

周末去交作业的路上，我问儿子：“你到底这样真真假假地瞎写多久了？”他笑笑说：“其实我也记不清了，可能有几周了吧。心情好可能全都好好写，心情不好就瞎写几个，我心里多少还是有数的。”

我笑他小人儿说大人话，告诉他：“我会如实跟老师讲清前因后果，并请老师‘秉公执法’。你瞎写导致错处过多，后果可能是这部分作业都需要返工重来，你要做好准备。”

儿子非常有担当地说：“放心吧妈妈，我自己做的事，自己承担后果。下周老师判完全部作业后，我会认真把前面都改好。如果要重来，我也认，以后也不会再出现类似情况。”

要进教室的一瞬，他又跑到我身边抱抱我，轻轻说：“妈妈，我觉得你和爸爸，是世界上最好的爸爸妈妈。”说完他坚定地走进教室。我对韩先生说：“不知下一次的压迫和反抗是何时何地，以何种方式来临。但此刻，儿子的这发糖衣炮弹，我可是全盘收下了，心里有点儿美。”

韩先生闷闷地说：“以前只有我受你压迫，我奋起反抗。现在被儿子分走一半，还有点儿不适应。人生啊……”

你的一次赌气，一个转念，也许会影响孩子一生 *

带钱儿上滑冰课的路上，我从车内后视镜里看，不知什么时候，他睡着了，小呼噜打着，小身子紧紧团成一个团儿，睡得正香。

我摇摇头，于心不忍，不是困极了他是绝不会睡的，因为平时他一定要抓紧在车上的这点儿时间听听他喜欢的故事。我靠边停车，轻轻给他盖上我的外套，怕他着凉，上车继续启程。我故意开得慢了些，希望能让他多睡一会儿。

过了大约半小时，到了冰场，后座上的他一动不动，还在沉睡中。我停好车，小心地打开车门，轻轻呼唤他："孩子，到了，起床喽……"然后轻轻推了推他。

他睁开迷离的睡眼，看看我，看看外面，二话没说，一骨碌爬起来穿鞋子下车，歪歪扭扭，左摇右晃，就像刚出生的小鹿。适应了好一会儿，他才站直了身子，抹了把脸说："走吧爸爸。"

"好样的！"我说，我知道睡成这样被生生叫醒是什么滋味，搂着他一起朝冰场走去，为他的坚持而自豪。可没想到走了几步，他忽然停住了，眼睛直直地看着前方，冷不丁冒出一句："爸爸，我不想滑了。"我想他一定是起床气发作，这很正常，于是一边继续搂着他往前走，一边说："你刚睡醒，我知道这感觉很不好受，一会儿就好了。"

他仍然停在原地说："不是因为刚睡醒，我就是不想滑了，今后也不想滑了！”

“为什么？”我愕然，有点儿出乎意料。

“我觉得有些动作我好像永远也学不会，而且我比别人进展都慢，我很努力了，但就是不行，我不想再这样下去了。”

“学了这么久，付出了那么多努力，就这么放弃了吗？”我问道。

“是，我放弃了。”他说得很无所谓的样子。

我有点儿生气了，从他刚才睡醒的表现到现在的样子，冰火两重天，好像换了个人。我说道：“好。滑是你要求的，虽然路途遥远，很折腾，时间、精力和金钱都花费不菲，但我们尽全力支持你。今天说不滑，也是你自己的决定，只要你自己考虑清楚了，我们尊重你。现在我就可以带你回去，走吧。”

说完我看着他，他犹豫了一下，说：“好，走吧。”看着他的样子，我忽然反应过来，我不能确定他是不是在赌气钻牛角尖，但我现在却是在和自己赌气，我得把自己拉回理智的道路上。

“等一下，”我说，“今天的课是早就约好的，老师现在在等你，即便你不滑了，也不能失信于人，你需要上完今天的课。我觉得你有必要自己跟老师说清楚你的想法，让老师明白为什么你不滑了，要放弃了，同时感谢老师对你的付出和栽培。这是你应当做而且必须做的，然后我会跟老师沟通后续的事情。所以我建议你现在放下其他想法，专心上好最后一节课，如果这是最后一节的话。”

他想了想，默默点点头，转身朝冰场走去。我俩就这样一前一后进了冰场，直到他上冰，我们再没说一句话。

我看他在冰上起初还有些低落，没精打采的，不过活动了一会儿，就仿佛什么都没发生似的，生龙活虎地滑了起来，脸上也挂上了笑。

上课时他颇为投入，虽然做不到的仍然做不到，但状态是积极的。我放下心来，回想了一下刚才发生的事。我忙了一天，小心开了一路车，确实有点儿累了，听他忽然说放弃，我的确很难没有情绪。但如果刚才赌气带他走了，我确定我会后悔，他或许也会后悔，因为赌气说的话、做的事，会让人变得丧气，即便心里后悔可能也不会承认。因此每赌一次气就会让人变得消极一分，尤其跟孩子赌气，是最不值得的。我唯一不确定的，是他上完课会不会跟老师说，我做好了两手准备，随机应变吧。

转眼下课了，我的心一紧，看到他跟老师笑着挥了挥手，什么也没说，轻松地滑了下来对我说："爸爸，我下课了。我喝口水，再练一会儿咱们就走。"他跟没事儿人一样。我也装作什么都没发生的样子，还提醒了他两句，腰再挺直一点儿，速度可以再快点儿，他点头，匆匆喝了几口水，又滑走了……

回家的路上，他一直没说话，好像在等着我先开口。我呢，没提这整件事，只是自顾自地讲了我最近听朋友讲的一件事。

我说："你的好朋友小 M 的妈妈跟我讲，她的学校期末汇报演出，老师询问小 M 能否出个节目，因为之前很少见她在这样的场合有所表现，小 M 犹豫再三，终于答应表演钢琴独奏。结果小 M 表演完之后回来说，老师和同学们都很震惊，大大赞扬了她。老师说完全没想到她原来弹得这么漂亮，远远超乎想象，奇怪为什么她之前不展示这样的才能，希望她以后能多参加这样的活动，也能给班级增添荣誉。

"小 M 说老师的话深深鼓励了她，她原先并不清楚在别人眼中自己弹的究竟如何，只是觉得还有很多不足，很怕在公开场合演奏献丑，因此总踌躇不前。但从此她不会了，而且特别想花更多时间练琴。

“最重要的是，她第二天上学的时候，坐在她旁边的一个女孩儿，很郑重地跟她说，昨天听了她的演奏，很吃惊，也很伤感。吃惊是因为没想到小 M 弹得那样好，伤感是因为自己学琴半途而废，觉得很后悔，她觉得练琴太累太枯燥了，有一次赌气跟妈妈说不想再弹了。她说更后悔的是妈妈比她还生气，比她更赌气，数落了她一顿，说不学就不学，让她对自己负责，今后别再提弹琴这件事，也不要再提别的无理要求，从此断了她的学琴之路。

“她说看了小 M 的表演，特别失落，说如果妈妈当时能阻止自己任性的放弃，哪怕强制要求自己继续弹下去就好了，她很羡慕小 M，说想回去再跟妈妈商量一下，看能否再把钢琴拾起来……小 M 跟妈妈说起这件事的时候，很替同学感到难过，同时也更坚定了自己练琴的信心，说什么也不能放弃。”

我唠唠叨叨地说了这么多之后，才问钱儿：“你下课为什么没跟老师说你要放弃呢？”他说：“对不起，爸爸，我也不知道为什么，下车的时候我就是突然不想滑了，怎么也说服不了自己，很别扭。可是真滑起来，上课的时候，我还是觉得我能做好，我也喜欢滑。我也不知道怎么就想通了，我又不想放弃，所以就没跟老师说。我不想像小 M 的同学那样日后后悔，爸爸，也多亏你没一赌气带我走了，那也许我就真的放弃了。”

我说：“我不会的，我希望我们每做出一个决定，尤其是对那些你付出时间、精力而努力过的事情，若要放弃，一定是经过深思熟虑，多方考虑，再三确认自己想清楚了，是负责任不带情绪，更不是赌气做出的决定，那才是可以被接受的，否则无论如何我都会敦促你坚持下去。”

我开玩笑说：“今后啊，你要再像今天似的临阵退缩，我就给你屁股上来一脚，喊一嗓子，Michael 钱儿，少废话，你给我坚持下去，该干吗干吗……”说完我俩笑成一团。

孩子的学习和成长，是一条线，是一个过程，不是一个点，不是一个结果。

当然，这条线绝不可能自始至终完全是直的，中间会有很多弯、绕、折，会面临诸多不确定性因素。但只要你坚持，它就不会断，就会有到达终点、看到结果的那一天。在现实中，我们大多数家庭都会遇到像我和钱儿这次的情况，孩子任性，孩子赌气，孩子不理智，其实都是正常的。

作为父母，我们能否在自己工作杂事缠身，同时被孩子气得冒烟时，仍保持理智、冷静，不赌气，不钻牛角尖儿，还能带领孩子及时回归正途，这才是更加需要修为的地方。

很多时候，给自己，也给孩子一个机会，有耐心，能等待，就会看到不一样的结果，或者说少了一些遗憾。你的一个转念，也许影响了孩子的一生！

你是不是也总使唤孩子？

我要带儿子参加朋友的一个小活动，临去前看了下时间表，活动时间较长，朋友又特别热情地说后面的环节特别精彩，一定要看完。

那场合不适合带二胖，而朋友那边又是盛情难却，于是我想了个还算冠冕堂皇却又不得不走的理由，决定提前跟朋友打招呼说要带儿子上课外课。所以去是一定会去，但不得不提前走。对此，朋友表示理解，于是结果就变成活动也参加了，人也提前回家，没有耽误傍晚陪二胖读书和上床睡觉的时间，朋友与孩子皆大欢喜。

只是临去前，我有一点儿犹豫。因为儿子要同行，而那天他并没有课外课，如果谈起来，我该如何确保这个小小的“谎”不会被揭穿呢？

在路上，我边开车边试着跟他聊。我说：“今天咱们会提前走，因为妈妈既不想朋友不开心，也不想妹妹失望，所以找了个小借口。我说要带你上课外课，如果一会儿见面说起来……”

儿子想也没想地说：“哦，这样啊。知道了，到时候你们聊吧，问我我就答应说是，不问我就不吭声直接跟你走。”

啊？我从来没想到内心的忐忑如此轻松就被搞定了。但我依然有隐隐的担忧，会不会给孩子做了不好的榜样，让他觉得妈妈随口就可以说谎，以后他也可以这样。

于是我又解释道：“其实我并不想说谎，但这种情况下，直说可能会让人觉得你就是在找理由。人有时确实会面临一些类似的局面，需要一些所谓‘不得不’的借口。”儿子非常了然地说：“没事我懂，white lies（善意的谎言），这没什么，是为了大家都好，不是成心要骗人。善意的谎言，我都理解，你不必多想。”

他最后这句话真的把我惊到了，“你不必多想”，一个九岁多的孩子，昨晚还为我吃了最后一个果冻掉了好几滴眼泪，今天就能跟我分析white lies，如同大人般与我谈话，安抚我的情绪与内心。

韩先生平日里是我家“大懒使唤小懒，小懒干瞪眼”的源头，他特别喜欢喊别人帮他拿东西——“妈妈，能帮我把杯子拿来吗？”“Michael，你帮我从包里把iPad（平板电脑）和书拿出来放沙发上好吗？”他甚至连二胖也不放过，“濑濑，把香蕉递给爸爸……好，真是好濑濑……”

我当然是队伍里最不好带的那一个，让我拿几回我就会抱怨道：“你这每天得带个随行丫鬟，多少人伺候着能行啊？”二胖次之，心情好的时候给你拿的是香蕉，心情不愉快时，砸过来的可能是小铁球，也可能是刚换下来的纸尿裤包。

唯有儿子，永远毫无怨言地跑去给他拿东西。出门前，给他跑回去拿酸奶和水果；录音时，给他送要用的资料……终于有一天儿子反抗了，他对韩先生说：“爸爸，你就不能自己去吗？你怎么老让我帮你拿东西呢？”

韩先生说：“爸爸是很感激的，我每次都想，You are such a nice guy！（你真是个好孩子！）世界上怎么会有你这么nice[①]的孩子！”这话说得特别真心实意，发自肺腑，完全没有敷衍。

---

① nice指一个人友好、亲切、有教养。

儿子显然也被这份不掺杂任何虚与委蛇的感谢所感动，立刻像身上的毛儿都被捋顺了一样熨帖了。他点点头说：“好吧，反正也不麻烦，我帮你好了。”

很多时候，家长面对孩子的问题，最简单直接的方式就是不解释，让你做你就做。

一会儿人家问起来，你就说你有课外课，不用问为什么……让你去帮我拿东西你就去，我给你做了多少事儿，这点事儿你都不能干，哪儿那么多话……

这就是成年人世界中，原生家庭带来的下意识行为，而非主观刻意为之。因而时时需要与那个惯性的自己抗争，让这样的话尽可能少地脱口而出，而是真正蹲下身子来，与孩子平视，耐心地沟通，然后收获一个震撼的新世界。

有次偶遇儿子的体育老师，他说儿子常常在体育活动时看书，得鼓励他多运动。

我随口说：“他运动量倒是足够，可能因为滑冰是个体性项目，多参加群体项目积极性会好一些。”老师很惊讶地说：“他学滑冰吗？竟然从来都没听他提过，我们还特意问过这件事。”

晚上回家我问儿子是否从没跟别人聊起过滑冰，儿子淡然地说：“是啊，我不喜欢 brag（自夸、吹嘘、炫耀）。我觉得滑冰滑不成羽生结弦那样，弹琴弹不成大师，画画达不到老师那么好，都不值得跟别人 brag。自己会就行了，没什么好说的。”

这让我一下子觉得有点儿头大，脑海里马上浮现出那个千军万马过独木桥，需要你展示自我不能错失机会的千钧一发的时刻，我儿子静静坐在那里，脸上仿佛用大大的黑体字写着“我不喜欢 brag”的画面，一头冷汗。

下一秒我准备说：“下次老师问你，会什么你就说什么，谁说那就一定是 brag 了，榆木脑袋！”但转念一想，这样武断也是不妥，于是我平和地对儿子说：“brag 这件事，可能也不完全是你理解的那样，也要分情况。”

儿子一副愿闻其详的样子，认真地等着我的下文。我给他简单举了几个例子，从说话夸张，到刻意炫耀，又到申请大学录取，想到哪里说到哪里，说说停停，话讲得很散。

说完我觉得他多少总能听进去一点儿，没想到他说：“妈妈你说的我听懂了，大致就是三种情况：一是具备 brag 的条件，但你主动选择不去这样做，这是最基本的素养和对别人的尊重；二是不具备 brag 的条件，却非要去 brag，这是说谎和吹牛，招人讨厌；三是具备条件，客观情况需要你去 brag，实事求是不夸张，这是尽量不错过机会。”

说真的，一堆话说完，我都把自己讲乱了，但他却条理清晰地迅速总结出我所说的三点，让我刮目相看。

接着他还发表了自己的看法：“这样说来，以后如果老师问起来，我会的就如实讲，但在我能够做好之前，我还是不想主动去说。当然如果考大学时两个人中就选一个录取的话，我会认真考虑的。”

每次认真跟孩子沟通，而非简单粗暴地给他们指令时，我常会有很多的意外发现。你将自己的理念和价值观如此细致地陈述完，他尚且依然保留着自己的想法和观点，想想看，若是简单直接地让他们按你的想法照做，不解释也不许辩解，你们会不会在相悖的路上越走越远。

一天早上送二胖去宝宝园，遇到修路堵车很久，原本就迟了，可二胖非要坐在教室门口的小长凳上唱完一首歌才行，中间被打断就从头再唱。

我很想对她说："不许唱了，赶紧给我老实进教室！"但我没有这样做，而是和韩先生一起蹲在她面前，听她兴致盎然地唱到一曲终了。

这样做的结果是二胖大眼睛闪闪亮地问:"我唱得 hín（很）好吗？"我和韩先生点头称是。然后，那张始终带着灿烂笑容的小脸，很快蹦蹦跳跳地消失在大大的木门后面。

辩解出什么结果不重要，被允许辩解才最重要

最近我花了不少时间扎在录音棚里，集中录之前的《牛津树》和最近的《丽声北极星》。有时儿子放学我还没录完，他喜欢跟着，就带他一起。反正小人儿写作业看书，我录音，都不耽误。

有一天我录得正起劲，耳机里说话的人，却突然从录音师换成了儿子，他稚嫩但严肃的声音吓了我一跳。

他说："对不起打断你，妈妈，这里要停一下。你最后重读的这一遍，少了大概三四句话。你得仔细看稿子，不要走神。来，再来一遍。"

我一时被噎住，低头看了下手里的电子稿，然后辩解说："呃，最后一遍就是照书的原词读的，前面讲解时我加了一些画面描述，所以才有差别。"

儿子说："嗯，这个我理解。你加的那些话是为了情节完整，方便看不见书的小朋友听懂，挺好的。那你应该坚持这样做啊，开始人家那样听了，最后又没有了，你觉得这样好吗？"

"我……不好，"不对，我差点儿被他带到沟里，"这个……我照着书读也不能说不好吧？"

儿子继续循循善诱地说："没关系，你说的理由我觉得也可以接受，只是讨论一下。那就这样，坚持你自己的想法挺好，来吧。"

如同挨了一闷棍继而反应过来的我，捂着麦克风狂笑不止。儿子就

像化学实验室里的一个空试管，倒进去半管韩先生，又倒进去半管我，然后咕噜咕噜起反应生出一个他。你分不出他的哪部分来自爸爸，哪部分来自妈妈，可他的每句话每个字，都来自我们俩，形神兼备，精准又讨人嫌。

我问他作业写了多少，他说早写完了，在一旁看课外书才听到我的录音内容。我一想，反正他也听进去了，不如索性请他做监工，能帮我校对也好。提出如此建议，他倒是爽快答应。于是我俩各自拿好稿件，开工。

录到一处，我说这个饮料长得像 hurricane（飓风）一样。儿子立刻叫停：“发音不到位。来，跟我读一下。”

我简直要气结，我说：“你美音我英音，你得尊重差异。”儿子安抚我道：“别狡辩妈妈，其实你读得已经不错了，但我们应该争取做到最好，对不对？来，再来一次。”

好吧，我跟着他录了好几遍，直到 Michael 老师彻底满意为止。

不久又读到 nine（数字 9），他说你要把字咬清楚。我以为他是指第二个字母 i 发音太混浊，所以索性直接读成 [naɪ]，而把最后的 [n] 扔掉了。

不想他叹了口气，放下对讲麦克风，直接走进录音棚说：“妈妈，后面那个 [n] 呢？完全听不到，你不记得爸爸是怎么讲的了吗？嘴不要懒，后槽牙要使点儿劲咬字。你看我的口型，颧肌提起来，微笑，跟我读……”

我的眼泪都要下来了，录音师在录音棚外笑得打滚，他说真是“龙生龙，凤生凤，老鼠的儿子会打洞”。

一套书录下来，我和 Michael 老师已经配合得非常默契了。虽然他是我的孩子，但我深深为他的严谨、细致、不凑合，以及这些年耳濡目染的播音专业知识和技能所震撼。

而这个过程中给我最大的感触是，当孩子站在一个专业的角度来评判、校正，甚至指导你，用的还都是你日常挂在嘴上的那些话时，你才能真正体会到，平日里，你站在一个成年人角度，自以为考虑了孩子的自尊心与自信心的那些话，是否真如你所想的那般发生作用。

虽然他每次提意见前，都像我们平日对待他那样有照顾情绪的铺垫，但无法抵赖的是，我在被指出问题的那一刻，第一反应就是“我觉得自己没错啊，我需要辩解啊”。

回头来看，他没有提过一条失误的建议，按照他所说的更正的部分，在听到成品时，听觉上确实都更舒服。

在讲解中有几处，他提供了他认为小朋友更容易理解的例子，而我听过后也确实觉得比我预设的要棒，于是果断采纳。我虽然嘴上接受了，心里最初或多或少还是有点儿不服气的。

回家跟韩先生聊起这件事，他也大笑不止，说深有同感，因为之前儿子也挑了他两回“刺”。

一次是有天晚上睡觉前，我在书房看书，儿子在一旁整理书包。我嘱咐他回卧室轻点儿，爸爸可能还在工作，别打扰他。儿子想也没想地说：“爸爸啊，未必在工作，有可能又在偷偷看电影呢。”

我说：“你别只看见他的休闲时间，他每天工作很忙的时候你未必看见，都忙完看会儿电影也不能算偷看。”儿子摇摇头说：“忙我知道，我是说，他有时候说是在工作，其实在偷偷看电影，这是事实。做什么就说做什么，说谎不好。”

第二天我转述这些话给韩先生，他立刻像个刺猬一样蹦起来说：“我没看电影啊！我哪有时间看，我最近一直在看一份策划案，我……哦，对了，还真是，前几天晚上我跟你们说有事要忙，然后把落下那十几集美剧给追完了。我以为儿子睡了，估计还是被他发现了。唉，我还真是偷看了。”

第二次是在回家路上，我和韩先生都标榜自己整洁爱收拾家，数轮争辩后分不出高下，于是韩先生说，让儿子来客观评判一下，我们俩到底谁更邋遢。

我看了儿子一眼，埋怨韩先生给孩子出难题，我说：“当着咱俩的面，孩子能说什么啊？”不想儿子坦荡荡地说：“这个不难，实事求是，当然是爸爸更邋遢。比如，第一……第二……第三……”

第三条还没说完，韩先生就绷不住了，他辩解说：“我也不是每天都这样。你看你妈妈，每天工作台上的书堆得山一样高，床头上也是书，沙发上也是书。喝完可乐，罐子留得屋子里到处都是。难道这些都不在考量范围内吗？”

儿子沉默片刻，回答韩先生说：“爸爸说的问题妈妈倒是都有，但我仔细想了想，即便这样，也还是你更邋遢。”

那天韩先生郁闷了好久，晚餐都忘了跟我抢海碗。饭后他又跟儿子讨论了好久，睡前终于释然了，笑嘻嘻地说：“儿子说得对，还是我更邋遢。”准备开始整改。

虽然这都是些生活中小到不能再小的事情，但经历过才会发现，原来被人说中，尤其是被孩子说中的感觉是这样的。

幸好还有辩解的机会，辩解出什么结果不重要，被允许辩解却特别重要。当你把想说的都说完，便能静下心来坦然接受别人的“指责”，有则改之，无则加勉，平静不浮躁，也不会委屈。

由此我也会反思，平日里我们批评指正孩子时，做到他们的几分呢？说话有没有很难听，陈述事实有没有不客观，给没给孩子充分的辩解或者说解释机会，又是否强迫他们接受批评，而非给予他们自我消化的时间呢？

不久前带儿子见了他小时候的一位恩师。老师感叹说他真的长大了。我心中默默地想，是的，孩子们越来越大，大到慢慢可以指正父母的不妥行为了。而我们做父母的，不妨越活越小，小到能真正虚心、谦卑地听进孩子的话。

第5章

传递积极的人生观

我有时会跟儿子讲，

爸爸妈妈为什么要让他学琴呢？

我们从来没有寄希望于他能走专业道路，

只是想让他在未来可以有不止一种宣泄情绪或是分享喜悦的方式。

就像一对年迈的夫妇，在八十岁时，

他们可以轻松而又充满温情地以一曲四手连弹

来庆祝自己的结婚周年。

养孩子，太算计怕将来孩子抠门儿，太“佛系”又怕养出个“大簸箕”，怎么办？

儿子放学回家，饭吃到一半突然蹦起来说：“不行不行，先不吃了，怎么现在天这么快就黑了，我花还没浇呢。”说罢就要往外跑，被我赶紧按住，好歹吃完了，才让他去给我的小花园浇花。

这是儿子赚零花钱的一份工，每天给花浇水。原本商定月薪三十元，平均每天一元钱。见我犹豫了一下，他主动提出降到二十五元，顺利成交。

千万别觉得这是一份简单轻松的工作，每天举着管子把地都浇透，还真是需要点儿时间。同时要换好雨靴或凉鞋，做好驱蚊准备，然后才能开工。如果被我抽检到地面干裂，或者花莫名枯死了，那么我不但不付钱，还得要他赔偿。

商定这个条件的时候，儿子纠结了好一会儿，但他要存钱的愿望最终促使他接下了这份工，并每天赶在天黑前光线比较好的时候完工，确保没有死角。

目前儿子浇花的时间还不到一个月，他坚持得不错，其间还跟我讨论过是否可以从月薪改为周薪，甚至日薪的问题，特别可爱。

之前为了给我写的书《给孩子立界限》签名，我和韩先生“征用”了儿子来帮忙，他是个特别得力的小帮手。

那天干活儿前，韩先生原本承诺完工后会请他吃顿他喜欢的大餐，但结束后儿子不想出门了，觉得家里的饭更好吃，所以我们讨论了一下，最后达成共识，付了他二十五元“薪水”。儿子非常开心，我们也省得跑出去折腾得人困马乏了，皆大欢喜。

而借此机会，我们也把零花钱这件讨论过数次的事情，作为议题开了个正式的家庭会议。

儿子提出，以后除了每月那点儿固定零花钱外，是否可以提供规律的做家务赚钱机会给他。

我们表示同意，但首先申明，做家务需要有区分，不是所有的事，都可以列为赚钱项目。比如饭后把碗筷送去厨房、收拾房间、整理自己的衣物、倒垃圾等等生活日常，这是每个家庭成员都应该对自己和家庭承担的责任，不能用作赚零花钱；比如帮爸爸擦车，帮妈妈浇花，以及一些非义务性的，但需要付出体力或智力的工作，则可以针对具体情况，来定价并约定具体条件。

我们还特别讨论了关于妹妹的事情。儿子正常陪妹妹玩儿，或是短时间帮爸爸妈妈照管妹妹，属于义务范畴。但未来如果他为妹妹提供优质教育资源，比如担任高水平家教，耐心陪练钢琴，成为敬业的芭蕾舞和滑冰老师，那么他都可以赚零花钱。

说到这里，我简直无法抑制地露出了老母亲的微笑，仿佛我已经看见几年后，我二胖一脸叛逆地坐在哥哥身旁，他俩“互虐”的美好画面。而老母亲我，手上涂着指甲油，脸上敷着面膜，嘴里吆喝着“老韩，可乐不够冰啊，捶背再用点儿力，偷懒可不行”……

有天晚上儿子作业完成得早，正巧妹妹喊着要买气球，于是带他俩去商场遛弯儿。妹妹喜欢的气球，儿子当然是早就不感兴趣了，于是他拉着我们顺路就拐进了乐高玩具店。

他挑了一个小套系，要二百多元，我很清楚他的小算盘——虽然这不符合我们平日约定的非购物计划不乱买原则，但只要装一下可怜，爸爸那里肯定是能通融的。唯一的问题是，妈妈这关可能得费点儿口舌。不过他并不气馁，举着盒子跑来对我说："妈妈，我想买这个，这里有最新的小人儿，please（拜托了）！"

出乎他的意料，我竟然没说半个"不"字，而是很痛快地答应了。不过我提醒他："你算算这个的一半价钱是多少，你目前存的钱够不够，然后咱们就去付款。"

经我一提醒，儿子猛然想起来我们决定的"支援计划"——鉴于他自己攒钱不那么容易，所以每次买计划外的玩具，他自己出一半钱就行，爸爸妈妈支援另一半。

我和韩先生之所以这样决定，是想降低孩子自己攒钱并实现愿望清单的难度，鼓励他先有了消费规划和存钱意识，然后逐渐过渡到全部由他自己来支付。

在最初听到这个计划时，儿子特别开心，因为他觉得这样攒钱买玩具好像一下子没那么难了。但那天在乐高玩具店，第一次要真刀真枪地花他自己的钱了。当他算出要花掉一百多元时，他犹豫了。

一方面，他过年的零花钱都存起来了不能动，花掉这些，钱包就瘪了不少，想起来有点儿心疼。可另一方面，那个小人儿他很想据为己有，不买又心里痒痒。于是他进入了自我斗争模式。

我发现了这样做最大的好处是，原本我需要劝他权衡买与不买的利弊，所要费的那些口舌，都变成他自己的纠结，我一点儿都不用操心了。

没过一会儿，他像是下了很大决心似的对我说：“行了，走吧，不买了。我想了一下目前最想要的，是那边更大更全的那套。我手里的钱，很快就够那套的一半价钱了，如果花在这套上，再攒够那个需要的时间更长。最重要的是，这套我也没那么喜欢，不值得。”

说完他一点儿都不留恋地走出玩具店，真是让我刮目相看，他的逻辑完全无懈可击啊。在我们身后，是心碎了一地的韩先生，肚子里还装了一百米长的替他儿子说情的句子……

如何让孩子慢慢形成正确的金钱观、消费观和理财观念，相信大多数爸爸妈妈都思考过，也都矛盾纠结过。因为即便是如咱们这样的成年人，又有多少人可以拍着胸脯说自己就做得足够对、足够好呢？

因而教育得太过算计了，怕孩子抠门儿不大气；而教育得太过“佛系”呢，又怕养出个“大簸箕”，毕竟咱们家里既没有矿也没有“皇位”。

可是这又是绕不过去的一部分教育，想回避也回避不了。所以既给孩子设定一定的目标，不让他的钱来得那么轻而易举没底线，又把难度定在跳两步就能够到的高度，是目前我认为效果还不错的方式。

过了一段时间，儿子终于把心仪已久的一个套系玩具买回来了。罕见他宝贝一件东西到这种程度，每个零件拼得都谨小慎微，晚上睡觉也得把成品摆在床头，想来也是与其中一半来自自己的辛勤劳动有关吧。

我记得自己上大学时才打工赚钱买了人生中的第一个 walkman（随身听），如今的年轻人可能都未必知道这种老物件。但在当年，用韩先生的话说：“爱惜得跟捧着钻石一样，每天擦得锃亮，外面有保护袋不行，还得再加个保护包，嘚瑟啊……”

这一代孩子，终归是比我们强。小小年纪，已经要开始自立自强了呢。

被戏谑像个“安静美男子”的妈，竟生出个有“公主病”的女儿

原本已经暖意浓浓的北京，忽然来了场倒春寒。我把刚收好的棉靴取出来穿上，裹成粽子模样准备出门。转头一看，人家二胖君的“公主病”，一点儿不受天气影响。

一双红色牛皮小单鞋，露着脚面，走起路来有点儿成年人高跟鞋的嗒嗒声，这种搭配让二胖最近一段时间迷恋不已。无论天气多冷，她总要指条裙子，然后配上“公主的鞋”。

在女儿出生之前，我从来没意识到“公主病”是一种如此神奇的存在。我曾经不止一次被问到：孩子每天早上都要为不被允许穿公主裙去上学哭半天，该如何是好？我那时其实是不能完全理解的，毕竟我家儿子自小给什么穿什么，直到八九岁才开始有了自己的想法。然而当这个“小太阳”蹦出来后，我才知道，这简直是逃不掉的幸福时光。

每天叫醒她，那些费力不讨好的方式都不需要，只要轻轻道一句：“今天要穿这条漂亮裙子哟。”一个小胖子就会像炮弹一样从枕头上弹起来，用夸张的语气叫道：“我看看，快给我看看！哇，好‘漂酿（漂亮）’啊，我要穿去给老师和小朋友看看我的裙子‘漂酿’不‘漂酿’！”

只要与公主有关，她万事皆可商量；只要与公主有关，她什么都喜欢。毛衣要带花边，打底衫的领子和袖子都要带花边……

周末我收拾衣柜，她先是自己找出一条夏天的裙子，拽着肩膀上的

纱衬大叫：“爸爸，哥哥，快看！肩膀上有翅膀，可好看了，公主的裙子耶！”后来她又拖出露肩的衫裙，穿上还要模仿芭蕾姐姐，要做公主。除了把空调开得暖暖的，我不知还有什么为她这份与生俱来的爱美公主心可做的。

公主不能不刷牙臭臭的，公主要洗干净脸才漂亮，公主要好好吃饭，公主要背着小书包去上学了，公主不打哥哥，公主能帮爸爸妈妈做家务，公主还要跟小朋友分享……

每次看到她这样温柔又认真地扮演着公主，去照顾那些需要“公主”照顾的“小公主”，我和韩先生就有说不尽的感动。

我渐渐发现，或许孩子这种对美好的向往和追求，是一种天性，只不过在我自己，或者我们这一代不少人的成长过程中，或多或少被压抑了而已。

我的父母年轻时都曾是军人，所以我自小就过着相对军事化的“朴素”生活。这种朴素，并不体现在有或无，而是父母不允许我将时间和精力花在爱美这件事情上。

从小直到高中毕业，家里教育我都是要专心学习，不要因为讲究所谓“外在美”而分心。我当然是规规矩矩践行的，但也不是不羡慕身边穿得漂亮，甚至已经开始化妆和自己买衣服的同学。

到我读大学时，我终于拥有了一定的自主权，却又猛然发现，不知该如何选择，完全没有审美自信。更重要的是，我发现自己对这些事情其实根本提不起兴趣。

认识韩先生后，他惊讶于我的物欲之低，尤其体现在女孩子喜欢的衣服鞋子包包和化妆品上。有时他会开玩笑说，你真像一个“安静的美男子”。这样想来，我二胖最初像个“女汉子”也不是没来由的。

那时每到换季，堂妹都会陪我一起逛街买衣服。她似乎天生擅长挑选，挂在那里看似普普通通的一排衣服，她只那么转一下眼珠，就能做出好看的搭配。从颜色到板型，她不但知道哪些适合她，也知道哪些适合我。

她会不厌其烦地嘱咐我：“粗线毛衣不适合咱们骨架大的，这样板型的牛仔裤对咱们比较友好。今天买那件碎花衬衣，一定要跟这件外套搭，我都给你成套配好了！”

有时我站在那里，看着她挑衣服时自信的背影，听着她跟我唠叨的碎碎念，我会有种无法描述的羡慕。而我知道，这种看似天生，其实来自她从小就不必偷偷摸摸，而可以光明正大地涂指甲油、抹口红。她上学时三天两头跑去把生活费都用来买各种衣服，挨顿说却还是有家里当后援，从学生时代在批发市场买的几十元一件外贸货，到工作后随着经济能力增长变成各种大品牌。

诚然，如果单从学习成绩的角度看，她不及我好。但从生活和审美，以及作为一个女人对美丽事物的爱与向往的角度看，我远不如她。回家后我也会跟母亲讨论，我说“你们是不是耽误了我呀”，母亲笑嘻嘻地回复我：“现在想想是有点儿过，你自己继续发奋吧。”

这些年见得多了，我也会比较刻意地提醒自己去多多关注和学习流行时尚，关于怎样打扮才得体，也算是颇有心得。但即便如此，我也依然总是给自己保持着黑白蓝灰的安全选择，那些确定好看但却色彩斑斓的衣物，要么买给孩子，要么买了送闺蜜，仿佛总也没有勇气把它们穿戴在自己身上。

所以当我看见自己的小女儿每天认真地站在镜子前，阳光自信地喊着“我是公主”时，当她坚持自己的选择，毫不妥协地要穿某件衣服或某双鞋子出门时，我都会既欣慰又感动地配合她。若是天气不合适，就多带件外套；若是场合不合时宜，就带一身备用装。

我做美甲时，给她也涂上宝宝用的指甲油；我理发时，带她去看烫发的阿姨、染发的姐姐，以及她好奇的一切。

她总想穿裙子去上学，于是我们给她准备了各种公主式纱裙。后来发现，她穿这些有时运动课或是爬高不那么便利，于是又给她选了些轻度蓬松的裙子。当然更多的时候，我喜欢和她一起挑各种好看的打底裙，既不影响她做公主，活动又便利。天冷的时候，在外面加个小开衫，好看又保暖。

我渐渐发现，她对美有自己执着的坚持。虽然她深爱粉色和玫红色，但如果你搭配不得当，她会第一时间提出抗议，再粉也不穿。在商场看到一排玩偶，她如果选定一个，后面无论再看到多少个，她都会感叹一下：“哇，真好看，真可爱！”然后头也不回地抱着自己最初的选择走掉，一点儿不犹豫。

我不敢说这种果决来自我们对她审美选择的尊重，但至少，这样的结果是我在她未来人生中希望看见的。

有一次，二胖的幼儿园要为山区小朋友捐玩具，我仔细跟二胖讲明白这是怎样的活动，然后带她去买好玩具回来，一起包装得漂漂亮亮，又和她一起把玩具扛去幼儿园，原本一切都好好的。

结果放下礼物的那一瞬间，二胖突然发起脾气来。虽然她早就明白这礼物的去向，但一时间又不能接受。我轻轻搂着她，问她为什么发脾气，不是来之前都说好了吗。

她想了想，突然冷静下来，对我和老师说："这是送给小朋友的礼物，公主要分享，我是公主……"

这让我多少有点儿惊讶，既惊讶于她的情绪调整能力，也惊讶于公主给她带来的深远影响。

我在想，如果说因为"公主病"花在衣服上的时间，算得上半分矫情的话，那么我深深觉得，公主对孩子的正面引导方式，可以发挥到十分。更何况，当我们成年后会发现，审美和爱美，是多么重要的热爱生活的能力。

无论我们的生命中，拥有的是一位小公主还是一位小王子，都不要剥夺他们追求美的权利，不要称其为"臭美"，而是尊重他们的选择吧。

告诉孩子，天地如此广阔，哪里都不是终点 *

约了朋友在咖啡馆谈事情，朋友来迟了一会儿，我就改着一条录音稿等他。邻座是一对母女，女孩看年纪差不多读高中了，戴着眼镜，文文静静，正跟坐在对面的妈妈谈心。

开始我并没有留意，但随着妈妈情绪的起伏变化，她的声音越来越大，很多话就断断续续钻进了我的耳朵里，让我颇为感慨，感慨家长对孩子学习生活事无巨细的关注，以及对孩子未来的前途细致入微的规划，也感慨孩子在爱的名义下，所要担负的责任与压力！

妈妈的大概意思，其实就是对女儿最近的学习状态表示担忧，感觉孩子时间抓得不够紧，学习效率不够高，起码跟她同宿舍的同学比起来是这样。其中妈妈特别说到，晚上九点到十一点这段时间特别关键，是能让人拉开距离的一段时间。

我不知道这个结论是怎么得出来的，但听得出来，这位妈妈是做过调查研究的，可能她已经做到把时间效率划分到如此细致的程度了吧。妈妈不满意女儿在这段时间的学习效率和状态，因此她不断追问女儿最近的所思所想，希望找到问题所在。

我听得出她对女儿的学习的确很上心，从她话里话外对女儿的班级以及课程的了解程度，便可见一斑。同时难得的是，这位母亲谈话间一直非常理性，没有任何埋怨指责的话，都是分析形势，剖析问题，外加展望未来的鼓励加油话语。

可我注意到一个细节，妈妈数次举起手，掌心朝着女儿，微笑着对女儿说："来，跟妈妈击个掌，咱们就朝着这个方向，继续努力。"但女儿对妈妈的提问和鼓励，以及数次的击掌提议，自始至终没有一句回答，只是把双手放在脑后，注视着妈妈，没有表情，也没有态度。

妈妈见女儿这样，看不出一点儿生气，继续循循善诱，给女儿摆事实，讲道理，提出她认为可能的问题所在，帮女儿分析形势，并列举了女儿同宿舍和班里其他同学的情况，但女儿依然没有任何反馈。

此刻妈妈又说了这样一大段话："我也是从高中这个阶段过来的，你的很多问题其实妈妈都经历过，我的经验教训可以让你少走弯路。就像我跟你说的，你现在如果能充分把握时间，抓住机会，争取到你三四十岁的时候，达到一个别人无法企及的高度，取得很高的成就。剩下的日子，你就可以随心所欲地做些自己真正喜欢的事情了，比如环游世界……要实现这个目标，你需要现在加倍努力，要比别人走得更快更远一些。来，咱们击个掌！"

说着，那位妈妈再一次伸出了手，掌心朝向女儿："咱们一起加油！"

我看到她的女儿依然把手背在脑后，但脸上的泪珠大串大串地滚下来。她终于开口了："你根本不了解我，不了解我的处境。我已经很努力了，有些事情不是你能想象的，有些事情不是我努力就能解决的……"

话到这里，朋友来了。母女俩后面的对话我没有再听，我觉得这很可能是个死结。

让我感慨的是母亲最后说的那段话。是啊，三四十岁就能功成名就退休了，可以周游世界，做自己真正喜欢的想做的事，这是多么美好的一幅图景。我们每个人可能都曾设想过吧……

大概几年前，我的一个朋友卖了公司，用坊间流行的说法，就是实现了财务自由。用他自己的话说，拿到了下辈子也花不完的钱，不到四十岁的年纪，真的跟那位妈妈说的一样，可以退休了。

朋友自己也是这么认为的，在我们一片羡慕嫉妒恨的心情中，带着家人去了国外一处著名的旅游胜地，说是要先待个一年半载，休息休息。结果过了不到三个月，他就回来了，又重新开始了新的事业，忙得昏天黑地，比原来的他有过之无不及。

我们戏谑他问道："你到底去了什么地方，这么贵，才这么几天就把下辈子的钱都花光了，又回来做苦力。"朋友悠悠地说："真不行。碧海蓝天，花天酒地，钱没花光，心里光了，空了，怕了。"他说才待了十几天，心里就开始发慌，当梦想中的场景变为现实，当巨大的成就感、满足感和狂喜归于平静，一个个问题涌上心头：然后呢？我该干什么，这是我喜欢的生活吗？无忧无虑，无所事事，这是我要的吗？这是我人生的终极目标吗？

他说那一刻他突然体会到，人生的真正意义在于做事，没完没了地做事，做你真正擅长做的事，把擅长做到极致。当你认为不必做事的时候，你的心会开始凋零，你会意识到，你不是功成名就退休了，而是你的人生要"歇菜"了。

因此朋友说他连滚带爬地就回来了，生意还得接着做，因为他就擅长这个。我们都笑说能不能他出钱，让我们也体会一下这种空虚得要"歇菜"的感觉……

作为过来人，如今三四十岁还在为生活打拼着的我们是大多数，有过朋友那样切身体会的人不多，所以我们希望这幅图景应在自己的孩子身上，想来也无可厚非。这也是我们听到那么多家长大谈让孩子赢在起跑线，希望孩子少年成名的原因。

但朋友那句“然后呢”，却一直深留在我脑海中。是啊，假如孩子这样问我们：“当我三四十岁便功成名就，无忧无虑，可以做我喜欢做的事情了，然后呢？”我们该如何回答？继续做喜欢做的事情？有那么多喜欢的事情可做吗？当你实现了梦想中的一切，然后呢？人生该去向何方？我心该归向何处？

我会告诉孩子，人生是一场没有终点的长跑，人生的真正意义不在于寻找终点在哪里，而在于奔跑，跑出属于你自己的路，而非跑到哪里算终点。你会发现越跑路越宽，路上风景无限，越跑越精彩。

你可以帮孩子设置一个个休息站，让他们驻足小憩，然后愉快地继续奔跑，但不要为孩子展望一个个终点。

因为当他到达所谓终点时，会发现这远不是你所承诺的终点的样子。于是他会疲惫，会再也看不到路上的风景，因为他无暇旁顾，他用尽了力气，背负重重压力，将无力再奔向你所说的下一个美好终点。

所以请告诉孩子，要努力，要有目标和追求，但永远不要让一颗奔跑的心停下来，止步不前！

同病相怜，原来你家也有学乐器的娃

家有琴童，陪练的这个人基本就过上了开挂的人生。

我家中最常见的戏码，就是“母慈子孝”地坐在钢琴前：音乐家、浪漫主义、乐谱上的小蝌蚪、曲中绵延的爱恨情仇……

我先如此这般专业（装模作样）地给孩子讲解一番，然后他开弹。十分钟后，我的眉头已经能锁得住八头老牛，内心已然崩溃，但举止是有控制的，还在强忍怒火，面带笑容地提醒孩子：

“要仔细读谱，这个音不对呀。”

“手型要注意。”

“还有节奏，这里怎么是两拍呢？”

“对了，真棒！是一拍！”

“哎，附点音符要注意，好极了！”

十五分钟后，我的音量已经不太受控制了，开始放开肺活量喊话：

“手！手呢？别压腕！”

“怎么这句又错了？仔细看谱！”

“多少遍了，动动脑子行不行？”

“唱谱！先把谱子唱下来！”

“分手！弹好右手再加左手！”

“还不会走呢，就想跑！”

母子二人面色相当沉重，都知道暴风骤雨即将来临，却无力扭转局势。二十分钟后，自家老公站在梯子上，扶着屋顶连连求饶说：“小点儿声吧，别再吼孩子了。房顶马上被你吼掉了，邻居听见影响也不好，对不对？”

于是我的怒火迅速转向老公：

“知道什么是‘猪队友’吗？”

“你知道他有多不用功吗？”

“你没看见开始我一直耐心跟他讲吗？”

“我说自己孩子还不行？”

“邻居才不管这闲事呢，人家弹琴也吼孩子！”

“他每天才弹多久啊就喊苦喊累？”

“别光说嘴，你行你来，以后我不管了！”

“你来陪，都你来！”

最后的结果是老公噤声躲是非，孩子没了撑腰的人，泪眼婆娑地迅速把曲子弹得又准又好，全家又回到人间处处是真情的和谐大环境中。

第二天，“涛声”依旧。

关于孩子的这个过程，我认为有个专业术语，叫作完美（欠揍）。而韩先生对这个术语非常认同，只不过他的理解是针对我的——完美（跋扈）。

有一天在饭桌上，不记得我们谈什么话题，就说到邻居和一个好朋友都是那种既能主内又能主外的好手，不过呢，都是温柔和善范儿的。韩先生断言说，她们在家一定不会因为练琴吼孩子，并让我也适当收敛点儿。说真的我也心中好奇，话说我也是好脾气出了名的，只是一到陪练琴和陪写作业就有喷不完的怒火，人家是怎么控制自己的呢？

一天，儿子去邻居家玩。两个孩子饶有兴致地先切磋了一会儿琴艺，都是初级入门水平，互相倒也不嫌弃。我小心地问邻居："你在家能听见我儿子练琴时我吼他吗？"邻居摇摇头说："这倒没听见。是你听见我吼我闺女了吗？"

我一下子乐了，说："没有，咱们该给开发商写一封关于房屋隔音的表扬信，有时我吼得惊天动地呢！你这么温柔，应该不会这样。"邻居说："哪里啊，每次吼她，我老公都说怎么一坐到琴前，我就像换了个人似的，他都不认识了，吼得好像这孩子不是我生的一样！"

放假前我们去韩先生认定不会吼孩子的好朋友家蹭饭。扔下饭碗大人们说话，孩子们楼上楼下乱窜，一会儿该练琴了，没几句就听好友吼上了，一改平日温柔小女人的形象，完全是非洲大草原上驰骋的狮子，张着血盆大口怒吼的即视感。

韩先生听得头发都竖起来了，回来还跟我分析："她比你的吼功更胜一筹，词汇也丰富，连续吼了二十多句都不重样，强调得很到位，情绪表达淋漓尽致，气息控制游刃有余。"

我快笑疯了，这种关键时刻，你去给人做播音分析了，真是职业病……不过说真的，从邻居家和好友家回来，我确实有种现世安稳、岁月静好的感觉，哈哈……

千万别以为练琴只斗孩子，"猪队友"总是要时时提防的。我因为临时安排不开，派韩先生带儿子去上了两次琴课。回来他美滋滋地说："他们在琴房上课，我在外面听着真心觉得不错。你瞧我儿子才学了没几节课，都能弹好几支曲子了，可认真了！"

我轻信了他。结果等我再带孩子去上课时，孩子的指法乱七八糟，还偷偷藏了一支曲子没练，试图蒙混过关，上课讲过的乐理知识也忘了个精光。

也难怪，以往每次我带孩子上课，遇到复杂的指法我会拍下视频以备参考；老师讲到的乐理知识，回来我会给他再巩固几次，或者一起总结弄懂。但老师说，因为爸爸上课都没有进琴房，所以就没跟爸爸多讲了……

有时出门，嘱咐爸爸盯一下儿子练琴。回到家中，一听儿子依然弹得稀巴烂。再一问，儿子说练了两遍，爸爸同意没有弹错的地方就可以去玩了……

还有一天早上，距离钢琴课只有一小时的时候，儿子突然走到我书桌前，冷静地说："妈妈，我以后不想弹钢琴了。我觉得弹琴太复杂、太难，今天的课我也不想去了。"

我试图耐心地跟他讲，做事不可以凭一时的心情，更不能因为一点点困难就轻易地放弃一直的坚持。更何况，这世界上哪有一件事不复杂不困难呢？

我有点儿赌气地想着："做母亲难不难呢？难道我可以说不做就不做，把你和妹妹扔到大街上吗？"当然这话我并未说出口，不过是忙碌中被这小插曲弄得有点儿慌乱，发一些内心小牢骚吧。

这次上课要练的几支曲子，他都已经弹得十分熟练，从指法到音准到背谱，再到对音乐情绪的理解，我觉得都没问题，回课是十分轻松的事。所以我心里十分清楚他不想去的原因，无非是从美国回来后，我们从倒时差开始纵容他的生物钟，给他安排的事情也少。玩的时间一多，他就有点儿懒散过度。

虽然我言语和善，但儿子很固执地一边说"不想去"，一边抽泣起来，好像自己受了天大的委屈。我告诉他即便不学也得上完当天的课，然后带他按时出门。

不出所料，在老师那里，一坐到钢琴前，弹下第一个音符的瞬间，他又快乐地“满血复活”了。下课他不好意思地对我说：“妈妈，今天我不应该那样犯浑，我喜欢弹琴，我还想继续好好练下去。”

我有时会跟儿子讲，爸爸妈妈为什么要让他学琴呢？我们从来没有寄希望于他能走专业道路，只是想让他在未来可以有不止一种宣泄情绪或是分享喜悦的方式。就像一对年迈的夫妇，在八十岁时，他们可以轻松而又充满温情地以一曲四手连弹来庆祝自己的结婚周年。

就如同儿子很喜欢看的一个视频片段：在欧洲的某个火车站候车大厅，一个男孩在一台古旧的钢琴前弹奏。另一个男孩从远处被琴声吸引，慢慢走到近前，从犹豫到情不自禁加入。

两个素昧平生的年轻人，因一支曲子坐在同一张琴凳上，欢快地弹奏着，感染了周围无数正在无聊候车的人，以及画面外的我们。而后，他们平静地分道扬镳，成为陌路人，重回到各自的世界中去。看似从未相识，在音乐中，他们却早已胜过相知。

我想，这样的情绪，孩子应该在习得路上，越来越有体会。每当一首新曲子练好，他总是兴奋地要用手机给外出工作的爸爸听，要用视频连线给爷爷奶奶、姥姥姥爷看。

他的言语中开始有了交响乐和协奏曲，他愿意倾听肖邦、贝多芬和巴赫的故事，甚至开始关注其他乐器的音色。每当他的小手轻快地按下琴键，悠扬的琴声响起，而我在一旁轻轻地唱着《雪绒花》《欢乐颂》，他就会由最初紧张得紧盯琴键，生怕弹错半分，到享受得闭上眼睛，不再去在乎偶尔的跑音。

看着他嘴角上扬的样子，我就知道，音乐的世界带给了他无限的快乐。而我们“相爱相杀”的岁月，也将这样继续下去。

第 6 章

给孩子更多的妥协与宽容

如同写作文那般，

你可以把自己的经验以孩子能接受的方式传递给他们，

聊着天，讲着故事就做到了，比起吼孩子“不知所云，写得一塌糊涂”，

显然前者更能启发和有效引导孩子。

而在底线范围内的“不责罚，见一次提醒一次”的方式，

让我们收获了一个精神上松弛不紧绷，情绪上积极努力，

不再试图反抗，特别容易沟通的孩子。

家有“充电”五分钟，能管八小时的孩子，怎么办？

晚上跟朋友吃饭，忆苦思甜地聊起韩先生晚上带着二胖开车流浪哄睡的“峥嵘岁月”。朋友说自女儿小的时候就没操心过她的睡觉问题，无论走到哪里，塞个安抚奶嘴就如同按下关机键一样，孩子会立刻入睡。去餐馆吃饭时，童车摆在一旁，永远清爽优雅，别提多省心。而且此法白天晚上皆适用，无论孩子白天睡多少，夜里塞上奶嘴照睡不误。外人羡慕不说，连她自己都觉得孩子太贴心，一点儿都舍不得她受罪。

我望着窝在怀里刚从傍晚这轮“午觉”中醒来的二胖，不由得感慨：真是同人不同命啊！

跟久病成医差不多，孩子养久了，育儿知识人人都能说出个门道来，当然关于睡觉这个问题也不例外。谁会不知道除了养成良好的睡眠习惯外，每天保持充足的运动“放电”，也是很重要的呢？

然而，知道原理是一回事，能成功实践又是另一回事。每逢二胖同学精力爆棚，我们都自我检讨没有给她足够的活动量，第二天必定是会整改的。调整计划，从家里到外面都带她晃悠。

若她依然精力充沛得吓人，我们又会进行第二轮自我批评。嗯，一定是自己吃了不该吃的东西，吃母乳时吸收了精华，要不就是给她吃了什么会兴奋的东西。于是我开始调整饮食，吃着堪比素斋的饭菜，我只吃草她就不会再兴奋了吧？

然而效果依然不够好，二胖“电量”奇足，“放电”奇难。想来估计是她午睡的缘故，那就让她白天彻底不睡，同时保持充足的活动，我就不信你还不睡！

我满心期待地挨到傍晚，四点，五点，六点……越临近天黑，我的心情越沉重，因为她此时睡去的话，后果不堪设想。然而人生不就是这样的吗？求而不得已属幸运，更常见的是怕什么来什么。

当你谨小慎微地庆幸六点半她依然活蹦乱跳，眼见熬到八点入睡，就能一觉到天明时，六点四十分整，她站着睡着了。疯狂摇晃没用，零食玩具动画片引诱不灵，大声聊天仿佛比安眠药还有效，眼见着孩子越睡越熟了……

晚上当你忙完一切，困得怀疑人生时，她醒了。她眼睛里面闪耀的光芒，衬得家里一千瓦的灯泡都显得暗淡。然后她满怀温馨地抚摸你的头发，软绵绵甜腻腻地说：“妈妈，咱们起来玩吧……”

吃饱喝足玩儿够，给她洗澡讲完绘本，自己都睡上好几觉了，她还能蹦起来给你讲好几本，用的是我听不太懂的“火星语”和完全混乱的句式，自己欢乐得手舞足蹈。

她哥哥小时候并没这样让我费劲过。同样是规律生活和足量运动，陪他在家玩得疯一点儿，他的“电量”就迅速下降。如果带他出门去小区楼下看会儿蚂蚁，他恨不得能早睡一小时。怎么到二胖身上就不灵了呢？

某天晚上，看着早就沉沉睡去的哥哥，我和韩先生突然顿悟。就如同不同手机的待机时间不同，同一款手机用不同的 App 耗电量还不同一般，我们怎么早没发现，其实每个孩子的“满格电量”也是不同的啊！

现实多么明晰，同样带他们出去滑滑梯、荡秋千，草地上野跑两小时，九岁多的哥哥上车就睡得不省人事，但是不到三岁的二胖同学，面不改色地瞪着大眼，还能跟你斗争上三五个小时不成问题。

更可怕的是，即便“电量”和“耗电量”相同，有的孩子还自带“速充”功能。比如二胖君，小睡五分钟就能再熬八个小时！你想拿她熬鹰，最后被熬的还指不定是谁呢。

刚两岁多一点儿的她曾追着一辆景区的小火车跑，当时好几个路人围观这个小不点儿，感叹她能跑得那么快，那么远。可她跑了几轮后，完全没事，后来又去湖边招猫逗狗玩儿了会儿，那晚终于睡得又早又沉。

但天天追火车也不是长久之计啊，于是我们开始按照这个体力消耗水平给她制定其他计划。比如哥哥游泳一小时，带她在水里扑腾两小时；比如哥哥坐缆车，她就主要用走的……效果还不错。

当然这里面还有些技巧，比如时间和距离一定要算对。能选离家近的地方最好，“放完电”火速回家，吃饱洗漱完立刻就能睡着。但若是离家远的地方，则一定要将车程算在内，体力上要让她有点儿保留，否则她累到极点在路上睡着了，回家后就又变成“一失足成千古恨”的夜晚。

二胖在倒时差的时候，曾发生过她拉着我和韩先生凌晨三点跳毯子的“惨剧”，以至于第二天闺蜜跑来慰问我。彼时我刚把二胖送去邻居家，她跟着邻居家园丁的割草机，兴奋得满园子疯跑。

我得意地跟闺蜜说：“好狐狸也斗不过好猎手，瞧我们的手段还是相当丰富吧，今晚肯定能早睡。”

闺蜜幽幽地说：“我给你泼点儿冷水吧。我有个同事就用差不多的方式，结果那熊孩子被练得体力越来越好，最后把他妈妈练瘦了三十斤，他爸爸从一个胖子练成了苗条男，还把每天陪他玩儿的哥哥训练成学校足球队主力。我看你家二胖有这个潜质，让韩先生也别去举铁了。”

三十多摄氏度的正午烈日下，一股寒气自我脚下升腾而起。望着远处跑得正欢实，丝毫没有一点儿疲态的二胖君，我心中默念：“你不会这样对我的，是吧，二胖？”

韩先生是个车迷，一天我们聊起二胖的“电量”问题，他替女儿辩解说：“特斯拉还分 75D、90D、100D 等车型呢，外表看着都一样，但电量容量却完全不同，跑的里程数也不同。所以你不能怪我二胖，你要看到内在，懂吧？”

然后他很得意地问我：“你觉得我二胖属于哪款？”我想也没想地说：“二胖应该是拖拉机款，条件多恶劣都不影响她奔跑。”

可是即便这样，我们做父母的，对孩子的爱也分毫不减，不是吗？

晚餐临别前，闺蜜感慨地说：“好好珍惜孩子这么小的时光。好也好，糟也罢，等孩子大学毕业工作了，你想迁就什么，机会都很少了。她会关心你，但再也不会腻着你。那种心理落差，一言难尽。”

她说女儿小时候虽然秒睡不操心，但吃饭别提多困难了，每天都得站在院子里举着水管，边浇花边被喂饭。而她有个邻居，每晚跟韩先生一样开车在小区里兜圈子，为了哄睡他的“食神睡渣”儿子。每次邻居的车子开过她家院子，她都同情地看着兜圈子的邻居，而邻居也望向正喂饭的她。他们彼此找到同是天涯沦落人的慰藉，却又都心甘情愿地日复一日为孩子痛并快乐着。

朋友说：“世上若真有十全十美的孩子，哪有那么巧偏被你赶上？爱吃的不爱睡，能睡的不吃饭。所以想到有一短很可能也有一长吧，心里就舒服多了。”

育儿路上，纵使我们都明白有很多该与不该，有很多所谓对与不对，但具体到每个孩子身上，没有什么是绝对的。所以我们需要去尽力调整，那些一时实现不了的想法，欣然接受现实也挺好，不放弃努力，慢慢总会好的。

给予孩子的那些妥协与宽容，我们并不奢望必定化作他们心中爱的种子，只求有朝一日，当他们离开我们的佑护，成为主宰自己人生的独立个体时，我们亦能笑着回忆起如今这些温暖的画面。不为错过而遗憾，也不为较劲而后悔，足矣。

允许孩子犯错，再改错，允许有的孩子犯错一次，有的孩子犯错一百次

前不久闺蜜来我家躲清闲。她做媒体从记者当到首席，又成为领导，写文章绝对是一把好手。可是聊起孩子写作文，她有些无奈地说："真拿孩子没办法，那作文写得任性到通篇不知所云，害得我只好拿出'五个 W 两个 H'[①]，跟孩子一点儿一点儿讲。"

听罢我大笑，刚巧前一天晚上我也做了同样的事情。看着儿子写的海洋馆游记，站在海洋馆门口抠鼻子打哈欠，看小猫打架，想忘带的零食……还没往馆里走，这篇文章已经结束了。

我说："至少要把事情说清楚呀，who，when，where，what，why 一项都没有。先来说说 who 的问题。"儿子一脸无辜地说："海洋馆外面那么多人，不知道说谁好……"我于是话锋一转："比如，昨天妈妈去了全世界最大的乐高玩具店。"

听到这里，他眼睛一亮，虽然我知道他根本没听到"比如"二字，只是被后面的内容所吸引，但还是继续说："站在店门口，我忽然想起，哎呀，明早我儿子早餐吃什么好呢？牛油果倒是有营养，可他又不爱吃。咦，你说我今天背这个包跟衣服搭不搭呢？一会儿我是只给儿子买呢，还是给妹妹也买一套？还有我刚才停车时忘了记车位号，走的时候怕是

---

① 5W2H 分析法，也叫七问分析法，是英语中 who（谁），when（何时），where（何地），what（做什么），why（为什么要做），how（怎么做），how much（做到什么程度）的缩写。——编者注

又得找半天。哎呀，我现在真容易忘事儿……”

不等我继续，儿子急了。他说：“妈妈，给我和妹妹买吧。可是妈妈你怎么还不进去呢？我着急想知道店里是什么样子，有没有我喜欢的系列。”我看到他入戏了，笑笑说：“可你带我去海洋馆，门都没进就回来了呀。”他恍然大悟地说：“那太糟糕了，我得重新写一个，门外说那么多话干吗呀，起码得把我自己用奶瓶喂鱼的事儿写进去。”

此时回到他的作文，再问他“五个 W”，他就能说得头头是道，语言逻辑也通顺了。

有一次跟一个朋友在微信里聊孩子做数学题的事。她说题目不过写法不一样，横式变竖式，就这一点点变化，孩子就完全傻了，不会做，所以爸爸妈妈都有点儿着急。

至于出现这种状况的原因，她原话是这么说的：“老师要求她做的量少一页，她应该可以完成。就这么信心满满开始做，做到第三页就不会了。一共要做四页，她后面就开始瞎做，根本不动脑子。其实作业是前后循序渐进的关系，她只要好好看看前面自己会做的题目，后面就可以做出来。”

对于“后面就开始瞎做，根本不动脑子”这两句话，我真的感同身受，这也是我从前特别容易跟孩子发脾气的诱因之一。表面上看，这么简单的事，孩子晃来晃去就是做不对，根源可不就是没动脑子瞎做吗？然而实际上，或许并非如此。

我曾与一位经验丰富的老师长谈，她说以她这些年阅生无数的经验来看，孩子多数时候也是尽力了的。只不过，在我们看来简单到无须动脑子的事，只要是孩子第一次或最初几次接触，他们的潜意识里都会认定“这是新知识，可能会很难”。

所以，能否做对做好，既关乎能力，也与心理状态有关。

很多孩子给了自己一种心理暗示：我第一次做，所以错了也正常。抱着这种心态，出错的概率自然不会低，但这发生在孩子身上，实在太正常不过。当然不排除有些特别要强，或者说心智发育比较早的孩子，会在初接触新知识时，就能掌握得较好。但毕竟每个孩子都不同，那不是一个大概率。

老师又给我举例，她说比如孩子知道 $2+3=5$，$5-4=1$，这是加法和减法两种不同的运算方式。然而当你让孩子做 $2+3-4=$? 的时候，就有孩子开始犯迷糊。而你若再加上括号，让孩子做 $(2+3)-4=$? 的时候，就有更多的孩子不会算。

这种不会算当然只是暂时的，当他们熟悉了规则，做些练习，很快就会了。

可有不少家长，一看孩子犯这样的错，甚至连续地错，就会非常不解和恼怒，认定孩子是不用心不动脑，而孩子心中完全不是对等的认知，久而久之，要么打击了孩子的学习兴趣，要么造成家长心理失衡。

无论家有什么样的孩子，都要相信习得的过程十分宝贵。允许孩子犯错，改错，再犯错，再改错；允许有的孩子犯错一次，有的孩子犯错一百次。不动脑子和粗心大意的背后，其实还是没有掌握知识点或是不熟练。细想你了然于胸的东西，让你使劲错，能错几个？

这样的过程，才符合孩子的成长规律，比你直接给孩子总结规律，直接报给他们答案，要靠谱得多。

那是不是孩子无论学习出错，还是日常犯错，都听之任之，绝口不提才好？

当然不是！无论你如何界定亲子关系，是父子母子，还是平辈朋友，必要的提醒和管束，都是我们需要给予他们的，只是方式上可以变通。比如最初发现儿子写作业偷偷画小人儿，或是藏着漫画，我会很生气地呵斥他，大道理讲一堆，直讲到自己口干舌燥，他也耷拉着脑袋，此役算告一段落。

可我发现这种对抗不但没有让情况变好，反而愈演愈烈。韩先生建议我换种方式，我们于是约定不再责备他，发现一次，提醒一次，告诉他这样不合适，要先写作业，点到为止。同时我们又顺带商量好，底线有两条：第一涉及道德品质的，比如恶意说谎，偷东西；第二影响和伤害到他人的。这两个方面的事情我们绝不姑息，要严正解决。除此之外的事情，我们都不发火，只提醒他，告诉他哪里不妥，剩下的交给孩子。

当然奇迹不会如愿发生，他还是会有时在我的无限希冀中，偷偷做自己的淘气事。我或韩先生只要看到了，就大大方方走过去提醒他。很快他就由面部紧张、浑身绷直，发展为不用我们多说，立刻收了书专心写作业。

我能感觉到他对我们的处理方式心中欢喜，甚至还有小小的感激。有时他会告诉我："妈妈，我其实不想这么做，可我就是没法控制自己，就想看一会儿再写作业。"通常我们会如他所愿，让他看上一小会儿再去写作业，同时告诉他这没关系，人人都有这样的时候，不过分就好。

此时我心中总会想起两件事。第一是每逢有人跟我讲可乐对身体的影响，我就赌咒发誓再也不喝了，可每次掐紫了大腿都拦不住伸向冰箱的手，这与儿子放不下漫画书的手，没有本质不同。第二是曾经老师跟我说的话，没有孩子本质上想做不好，他们都想做最好的自己。

儿子学校的校服店有位老师特别有意思，每次我去买东西，她总拦着我。我想买两件衬衫，她就给一件；我想买四双袜子，她只给两双。

开学第一天儿子就把唯一的领带丢了。我想去一次性买三条让他慢慢丢，可她非让我只买一条。我于是跟她聊："你太奇怪了，哪有人家愿意多买你不卖的呢？而且衬衫一件，领带一条不够啊，很容易就丢了，还得来买。"

她特别沉稳地说："你给他准备很多条慢慢丢，未必就好。低年级的时候，允许他们丢，但是讲清楚，衬衫穿一件备一件，领带西装都只有一件。丢一次买一次，每次丢了就跟他们讲下次注意点儿，不必责骂。这样他们心中会警惕，提醒自己丢了就没了，会慢慢用心起来。这和他们知道家里有一堆备选的衣服，可以随便丢，是完全不同的心态。在一个尺度内允许他们犯错，一直犯到不会再犯了，总会有那么一天。你看现在高年级的孩子，很少有丢衣服的。低年级的家长，一次买得越多，孩子丢得越多。可有意思了。"

然而让我非常意外的是，从那之后，按以前概率一个月至少要丢三两回衣服的儿子，不但衣服再没丢过，连比较小的领带、袜子、手套，连带水杯等，再没丢过一件东西。每天放学他即便脏成"匪兵甲"，也会"左手一只鸡，右手一只鸭"地把全部家当带回家。

这些小事，让我常常思考，我们可以怎样去爱孩子，又应该如何去给予他们恰切的约束。唠叨和无尽的大道理显然无益，责罚吼骂能起到多大作用也未可知。可是在选择与孩子和平相处的路上，我真真切切看到了孩子的变化。

如同写作文那般，你可以把自己的经验以孩子能接受的方式传递给他们，聊着天，讲着故事就做到了，比起吼孩子“不知所云，写得一塌糊涂”，显然前者更能启发和有效引导孩子。而在底线范围内的“不责罚，见一次提醒一次”的方式，让我们收获了一个精神上松弛不紧绷，情绪上积极努力，不再试图反抗，特别容易沟通的孩子。

现在儿子对自己放学后的安排越来越有条理，自己的事情都需要他来提醒我们，不必我再追着去问。最近我去学校开家长会，我在他的柜子里瞥见他的书包中依然放着漫画，可一同放着的，竟还有课外课待做的作业。每个老师都跟我说，他是个无比快乐的孩子，有旺盛的求知欲，而且善于并乐于倾听。

我们每个成年人，都在这个世界上努力地向上生长，而晶莹剔透的孩子们，又何尝不是呢？

上一次的“告状信”还是班主任发的，这回校长都上阵了

如常的一个午后，我的手机提示，有一封儿子学校发来的邮件。我点开一看文字密密麻麻，拖到底部扫了一眼，落款竟是小学部副校长，连忙不敢大意地仔细读起来，一边读一边心想：钱儿啊，你真是越来越长本事。上一次的“告状信”还是班主任发的，这回校长都上阵了。

信中讲到钱儿同学在老师安排学生们用电脑查资料时，私自玩电脑游戏被发现。学校给予学生电脑使用权时，是默认相信他们会用于正途。而他彼时决定玩游戏，就必然会导致一个严重后果。因此学校决定，未来四周内，禁止他在学校使用电脑，希望他在这段时间深刻反省，吸取教训，不再犯同样错误。

读到这里，我几乎能想到儿子沮丧的样子。对一个孩子来说，四周不能碰电脑，真的是件非常折磨的事了。但每个人要为自己的行为负责，这是再好不过的教育，我不能同意更多。

然而信中后面的部分，让我产生了新的思考。信中说当儿子被另一个孩子揭发时，情绪很低落。他觉得自己的隐私被侵犯，所以在整个事件前因后果明朗前，需要我与他长谈，帮助他平复情绪，让他最终他明白错在哪里，并认可学校对他的处罚是公正且必要的。

关掉邮件，我给韩先生打电话，报告儿子的“壮举”。我说：“老头子，你儿子上课玩电脑游戏，被举报了，学校禁他四周电脑。”韩先

生一拍大腿说：“嘿！真是我儿子错不了。没事，把我的新电脑给他，那个配置玩游戏速度很可以，跟儿子说没事。”

我说：“哪儿有你这么教育孩子的？！”韩先生笑嘻嘻地问：“你怎么想？”我回他道：“我心里有点儿郁闷，没教育好孩子。”他劝我说：“别自责，咱们都有责任。”我说：“不是的，我是觉得这孩子没教好，玩游戏你就玩嘛，怎么能让老师抓到呢，对不对？太给我丢人了，训练不够呀……”

说罢我俩笑作一团。韩先生说：“看来咱俩接纳孩子犯错的心态是一致的，这样问题就好解决了。晚上我来跟他谈谈，孩子自己也知道的，不必如临大敌。”

这与我的想法不谋而合。想起儿子刚上学时，若有老师反馈情况，我的第一反应总是紧张，可能是自己从小习惯做乖孩子了，儿子任何一点儿乖张的行为，我都担心会导致他成为“问题儿童”。

而这些年我心态越发平和，人也舒展开来，接纳孩子所谓好与不好，视之为成长过程中某一阶段的插曲，欣然处之就好。不强求自己做不吼不叫的“圣人”，也不必与孩子剑拔弩张。你不惊，他也不躲，错了就改，反倒沟通顺畅了。

傍晚我接儿子回家，车上照旧问他一天过得可好。小人儿云淡风轻地说开心，午餐胃口也好，对我想问的事情绝口不提。虽然他话语间情绪不那么高涨，但也看不出有过大起大落。

刚进门，韩先生的视频电话就来了。你好我好寒暄几句，终于切入正题，韩先生说：“儿子，今天你们副校长联系我了呢。”话音刚落，儿子的眼泪就噼里啪啦地掉了下来，完全没有酝酿的时间。即便如此，他还是不忘捂住 iPad，特别绅士地说："妈妈，你能回避一下吗？这段我不想你听到，很丢人。"

我说："事情经过妈妈已经了解了，如果你想要我回避，我就回避，只是我听的是学校叙述的版本，爸爸妈妈更希望听听你怎么说。"他想了想说："那就算了，既然知道，就可以听了。"

韩先生仔细询问了事件经过，基本还原了整个过程。不问则已，一问倒真是牵出了不少信中未尽的细节。

儿子说他是被班里一个平时对他不那么友好的同学报告给老师的，所以当时挺生气。然后可能老师又上报了学校，接着就是几轮谈话。老师问他为什么会浏览游戏网站，他说是好朋友小 V 告诉他的，他出于好奇就看了。其实他们认为那并不算是个游戏网站，只是个非常简单重复的无聊的小动画。

老师又追问当时小 V 在做什么，儿子说小 V 也在浏览这个游戏网站。说到这里，儿子更伤心了，他说这样回答之后，原本不相干的小 V 同学也受到了同样的惩罚，也被罚四周不能碰电脑。

韩先生问他："你是觉得出卖朋友了吗？"儿子点点头说："事情并不像我想的样子，我只是在回答老师的问题，根本不希望我的好朋友受惩罚，而且还是因为我。"

韩先生又问："那你觉得小 V 应该受惩罚吗？"儿子点头说："我这样做不对，他这样做也不对，受惩罚没有问题。但我觉得这个'不对'，不应该是由我来报告给老师的。我们每个人做好自己的事就可以了，为什么要盯着别人然后去告状呢？即使他不是我的好朋友，我看见了也不会去报告老师。"

这答复让我放下心来，因为我真的有点儿担心，有一天孩子会因为“曾经被……”，而成为“所以要”去做同样事的孩子。指正或报告别人的错误倒也无可厚非，但若因此将目光总盯在别人身上，并不是件值得开心的事。

韩先生又问：“听说你认为这件事侵犯了你的隐私，这点爸爸想听听你的想法。”儿子愤愤地说：“这是我最生气也最委屈的地方。报告给老师的那个同学，直接去老师那里告状就行了，但他却跑来，没经过我的允许就把我用的电脑抢走了，还乱看，我觉得他没有权利这么做。关键是他根本什么也看不见，因为当时我把网页都给关了。”

韩先生追问道：“那你的‘罪名’是怎么被落实的？”儿子小嘴儿一撇，伤心地说：“爸爸你知道吗？那个浏览器里有一个东西，叫作history（浏览历史），我以前不知道，老师打开那个就什么都发现了……”

在与儿子讨论了每个细节后，韩先生说：“这件事咱们分两个方面来看。一方面，错的就是错的，不找任何借口。对此咱们达成了共识，心甘情愿认罚，对吧？”儿子坚定地说：“是的，以后再不做这么蠢，这么影响课堂秩序的事了。”

韩先生继续说：“另一方面，爸爸妈妈都认同你对隐私权的界定与重视，这对我们来说很宝贵，所以我们都很支持你，请你今后务必坚守。”

听到这里，儿子特别开心，使劲点头。

原本事情到了这里，就差不多可以画上句号了。但晚上临睡前，我突然发现，这封信同时被抄送给了校长、年级组长以及其他相关老师，可以说学校的主要负责人都知晓了。所以思来想去，我还是觉得应该回复一封邮件。关于孩子做错的事，我没有什么可辩解的。但关于隐私权的事，我想确认一下学校的看法。

于是午夜时分，我蹦起来开始写邮件。我首先表达了对学校惩罚措施的认同与支持，继而提了两点细节。

“第一点，虽然我们让孩子不为错误找借口，孩子也心甘情愿受罚，但从我个人的认知来说，我认为那位举报的孩子，某种程度上确实侵犯了我儿子的隐私，请问您是否认同？第二点，孩子的本意并不想牵连好友，然而事情的结果是他完全意想不到的。虽然小 V 已经跟儿子表示可以继续做朋友，但或多或少也还是有情绪，这也属正常。孩子没有经历过类似事情，说实话这种事即便是成人，也未必不觉得棘手。所以若老师在学校看到孩子们有需要开解的必要，还希望能够给予他们一点儿帮助。”

第二天早上，我被二胖捂在枕头旁还没爬起来，邮件就来了。我看了一眼，清晨六点五十二分，比第一封邮件更长的一封邮件，已经静静躺在我的邮箱里。

邮件中校长首先感谢我们对学校决策的理解和支持，然后针对我的两点疑问，分别做出了答复。

关于第一点，校长说他非常认同我的观点，就是那位举报的同学不应该擅自接管儿子的电脑，而应报告老师，交由老师来处理。实际上，那个孩子本身是小班干部，有点儿类似电脑课代表，人家的职责，就是帮助老师去监督班里其他孩子的不当使用行为，只是方式可能不够妥帖。

校长在跟儿子谈完话后，也约谈了那个孩子，跟他讲清了管理中的界限原则。随后，电脑课老师跟他进行了二次谈话，并借此机会，对其他班的电脑课代表统一做出提醒，要求此类事情不再发生。

关于第二点，校长在邮件中说请转告孩子，不必为任何人的受罚自责，因为每个人需要对自己的行为负责。事发后第一时间，校长已给儿子和他的好朋友进行了疏解。他们都明白错在何处，也并不再互相责备，日后如果有不和谐的趋势，老师会及时干预的。

读罢校长的邮件，我为学校对孩子考虑之细致周到，为一大早校长就如此认真地回信而深深感动。同时，我的心中也有颇多感慨。

有时一些沟通，看似可有可无，所以在你做出行动时，会抱着犹豫的心态。尤其是家长与学校之间，前一晚我也在做内心斗争，觉得是不是坦然接受不发一声更合适。但转而我又想，我们常说要保护孩子宝贵的自我觉知，鼓励他们构建民主、自由，有自己的世界观、价值观。但当孩子萌生这些认知时，我们却不去珍惜，会不会慢慢地，他们自己也不在乎了呢。

于是，这封邮件就那样发了出去，我对回复完全没有期待。然而当我收到更多细节反馈时，会觉得这种沟通是非常有价值的。既让学校知道你对孩子的事情绝非不上心，并且是有态度的，也让孩子明白如何从一件事中，改正错误的，坚持应该坚持的。

韩先生建议我把邮件往来原原本本地给孩子看，让他自己去揣摩，为着自己的一个错误，学校和老师做出了多少努力，而父母又是怎样对该支持他的那部分做出反馈的。

儿子读过后，久久没有说话。过一会儿他站起来，使劲抱抱韩先生，又使劲抱抱我。我猜想，是一切尽在不言中了。接着他说："之前我只觉得自己这样做不好，但现在看到老师要花时间跟这么多人谈话，我感觉很抱歉。以后我做事会多想想，不能光考虑自己。”

韩先生偷偷对我说：“要不，我电脑让儿子先拿去用，你说呢？瞧人家这个认罪态度，都史上第一了。”

我转身对儿子说：“你爸表现还没你好呢，妈妈决定禁他使用 iPad 四周，跟你做个伴，你觉得可好？”

我知道正确答案是不该妥协，却为何由着你这样任性？

有时候濑子姐变脸就是分分钟的事。有次带她去商场，里面的旋转木马，看上去感觉是大一点儿孩子的游戏，甚至很多没有孩子的成年情侣，也甜蜜地牵手骑上去。

抱大腿都够不着的“小蹦豆”濑子姐，先是站在围栏外的人群中定定地看，当木马第一次转起来时，她的眼睛一下子亮了。哥哥使劲摆手说：“不，这个我不感兴趣。”怎么拽他都不肯去坐。而濑子姐则随着排队的人流兀自冲进去，指着一眼看去最高的那匹驯鹿，转身示意我抱她上去。

然而旋转木马启动的瞬间，巨大的震动感把她直接吓哭了。我伸手要抱她，她却边哭边甩开我的手，继续紧紧抓着那根长长的杆子。一圈，两圈，之后就笑靥如花了。那一刻我的心中满满都是感动。这样小小的身体里，竟蕴藏着那样大大的勇气和不肯放弃的倔强。我的小姑娘，你真的好棒！

接下来，我把她换到小马车里，她觉得无比新奇。一轮又一轮，每当一个循环接近结束，她感觉到木马速度放缓，便做好了大哭的准备。而一旦被承诺可以继续，她会立刻收好眼泪换上笑脸。

一块钱一次，那晚我们坐了好多次。绚烂的灯光，温馨的音乐，灯光流转中一圈一圈清晰了又模糊的人影，在小小人儿的眼前暗了又明。

如果这样高超的“演技”，只是为了小小的你那大大的、勇敢的公主梦，那爸爸妈妈真的好想就这样配合你，宠着你！

当然二胖“说哭就哭，转瞬含泪带笑”的功夫也不是只在逐梦时用，其实几乎每天都要视需求演上几回。更高阶的就是“滚地功”了，不过来得太快，去得也容易。

迪士尼商店几乎是每个孩子的梦想，濑子姐其实哪个卡通形象也不认识，她就是单纯地爱小动物。无论面前有多少公主王子，她只找小动物，小猫小狗小熊小兔子，见到就亲昵地抱着，但也不贪心，一个就好，且不会见异思迁。

从进店起，她就抱紧了一只美猫。韩先生像祥林嫂一样地小声跟我求情：“买给她，买给她吧。”我说：“你每天都在给她买，家里沙发上已经没有坐人的地方，连动物园都不用去了。”韩先生说：“这个比乐高便宜多了，你看比那些娃娃也便宜。这么持家的妞妞，你怎么好意思不成全她呢？而且爱小动物多难得，有爱心，有爱心啊！”

虽然这番话并没有被孩子们听了去，但濑子姐依然配合爸爸用上了她的惯用“伎俩”。

这猫几乎每晚都跟我们一起睡。有时二胖吃奶吃得开心了，就会把猫塞到我胸前，示意它也吃两口。每次，我都被她一本正经的样子逗得哈哈大笑。

我越来越习惯于在阅读理论与亲自实践中，寻找一个养育孩子的平衡点。很多育儿理念固然很好，但它是否适合你的孩子？未必。谁来决定采纳与否，如何实施才最为有效？你自己。

当濑子姐为了要这只猫而假哭，又在听到可以买之后立刻变得像没事儿人一样，我们的做法是否妥当？我心里十分清楚，正确答案是不应该妥协。因为一旦孩子知道这种方式奏效，日后就可能变本加厉地一用再用，且要求更多。

而我之所以迅速答应她可以买，首先，是因为我们的心理预设原本就是打算买的，而不是额外的预算。其次，我觉得这不是什么原则性的问题，如果危害到孩子安全，那断然不能妥协。但如果一件小东西就能让孩子满心欢喜，实在不必似军事化管理一般严格。最后，濑子姐吃零食这件事，让我决定对孩子的自我管理，给予一定的信任与纵容。

濑子姐不爱坐安全座椅，但这是不能妥协的事情，所以我们从另一个方向上妥协了，那就是出门就让她在座椅上吃点儿零食。起初，我从前座递给她，或是让旁边的哥哥给她，目的是控制到少少的量。到决定不再给她零食之前，我们会告诉她这是最后一个，吃完就“没”。久而久之她也学会了，只要跟她说这句话，她就会伸出一个小手指，点点头大喊“没”。但奇怪的是，有时说过这句话她还会继续要，不给就大哭，也有时说完她就真的不要了，于是我也闹不清她为什么如此情绪化。

我回国的一周，韩先生每天带他俩出门，尤其是早上要送哥哥上学，必须得把二胖拽起来扔进座椅。那时她睡得正香，被突然弄醒自是不肯，只有到车上用小零食才能安抚住。等我回来时，韩先生神秘兮兮地告诉我，他找到了濑子姐的“零食临界点”。他发现只要吃到某个确定的量，濑子姐就能欣然接受“最后一个”这一事实。

我细想，确实有时我“喂食”不稳定，高兴了就给她多吃几口，懒得递东西了或是所剩不多，就不给她吃了。于是我照他所说尝试，基本小饼干是四五片，薯片是一小撂，维生素糖是手心里那一小窝。只要达到这个量，她虽然偶尔会哼唧几声，但几乎不再抗议，吃完还知道自己打开杯子喝上不少水，然后就开心地摆弄玩具或看窗外了。

我猜想，或许即便是小小孩儿，也有自我管理能力和预限，只是我们没找到那个节点而已。

同样的事情也数次发生在哥哥身上。只是我如今反思，他小时候我在太多事情上对他太过严苛，所以他的选择并不多。好在回头不晚，孩子也用惊喜作为回报。

身边很多朋友家的孩子早就独立分房睡了，但我家儿子始终不肯，连分床也是不久前的事。当然，这也跟我们没有主观去推动他有关系。韩先生总说："一起睡的时光就那么几年，以后求他他也未必肯跟你窝在一起。随他吧，又能怎样。"

这种看似放置绊脚石的育儿方式，曾一度让我十分恼怒。然而什么睡前温馨故事啊，陪着到入睡再离开啊，留一盏小夜灯啊，或是大段时间放着故事等各种方式，能用的都用了，他总有办法半夜溜回我们身边。渐渐地，我也就不再固执了。

这次在美国的日子，他交到的第一个新朋友是个很男生气概的白人小男孩。不知两人每天都聊些什么，总之儿子受到不少来自那个孩子的影响。有天放学他问是否可以像好朋友那样不用爸爸妈妈接，自己步行回家。要知道这对生性谨小慎微的儿子来说，在以前是不可想象的。

后来他开始主动要求晚上自己睡，不用人陪，不必掌灯，读完睡前故事，他主动把我们轰走，几分钟后就睡得呼吸均匀。韩先生担心他是硬撑着，所以有几个晚上，都主动要求陪他睡。儿子坚定地拒绝，说自己睡得很好。韩先生找借口说："爸爸一个人睡会害怕。"儿子于是大喊：“妈妈，你瞧爸爸真没出息，非得让我收留他，你能把他带走吗？我不想跟他一起睡。”

目瞪口呆，这是我和韩先生写在脸上的四个字。但我们也无比庆幸，没有强行让孩子在恐惧中独自度过数个漫漫黑夜。

我依然会如当年对哥哥那样，要求妹妹要诚实不能撒谎，要友好不要与人不睦，需勤奋做事不凑合，鼓励她去探索，不要坐等一切送上门来。但我不会再用那些所谓正确的标准育儿知识来禁锢她，更不会因情绪阴晴而朝令夕改，让孩子无所适从。我愿意在摸索中，与孩子共同寻找那个有原则有宠爱的度。

我曾读过一本关于性别差异造成孩子不同的书，很有趣。书中看到一个当年险些被无知老师耽误，最终进入斯坦福大学，有着成功人生的男孩的故事。他的“贵人”，正是他不盲从的母亲。我在书中看到他的画，不觉会心一笑，仿佛看到我儿子的绘画本一般。

这世界有太多未知，育儿亦是如此。谁也无法笃定地说自己是对的。在不辍的学习中摸索，于从容间与孩子平和相处，你会找到最适合的路。

教练离开视线的那一刻，我居然比孩子还会偷懒

最近我又恢复了规律健身，每天差不多一个半小时，举铁跑步。忙中偷闲才发现，时间虽是奢侈品，毅力其实更是。

不自夸地说，我是个做事非常认真的人，即便是健身，即便是玩儿，也都一板一眼地守规则，不偷懒。每一个动作，都按要求做到能力范围内的最佳。这是我对自己的认知，外表上看起来，也是给别人留下的印象。看我举铁，韩先生和教练常常评论说，动作都很标准，不让动的地方绝不随便动，做不精准的宁可多做，早晚做时也从不凑合。所以我每次锻炼，单位时间内，应有的效果差不多都能达到。

我还跟他们讲，我从小就觉得自己在身体协调方面不那么擅长，所以无论是跳舞、做操还是运动，都会格外上心去看示范，不落下一点儿细节。久而久之，我便能很快地抓住要领，手怎么放，脚怎么挪，身体的动程是怎样的，甚至注意到眼神和表情。

大话说了这么一筐，我是一个多么刻苦、努力，又自我节制的人哪，我都被自己感动了！！然而——

一天，我因为临时被叫去了孩子的学校，所以健身课迟了十分钟开始。教练说我后面的学员可能也会晚点儿，这样正好不耽误。但下课前十分钟，人家还是按时来了。我就跟教练说："你去正常上课吧，我自己跑会儿就行。"

教练很负责地说：“最后咱们做壶铃深蹲啊，你平时都做得很标准了，不重也不危险，没难度。所以呢，一组十五个，做四组，你自己来吧。做完我帮你拉伸一下，今儿就算成了。”

明明还没下课，自己也还有余力，但听完这话，我突然觉得整个人都不受控制地松懈了下来。我嘴上应承着，身体却已调整到了慵懒的肌肉状态。教练去旁边的另一个区域上课了。我独自站在偌大的落地镜子前，望着里面九十斤身材的脸和一百二十斤身材的肚子，对自己说：“坚持做完，你能行的。”

我深吸一口气提起壶铃，一，二，三……平日里紧绷着的身体，简直东歪西扭地不听使唤。脑袋里有个声音，用大喇叭级别的音量疯狂地对我喊：“教练都走了，别练了，躺地下又凉快又舒服，来嘛来嘛。”

但我仅存的一点儿理智还在坚持着。平时标准地做三四组动作我都感觉很清爽，可此刻第一组不过刚做到第八个，我就累得直喘。原来不标准的动作，做起来更累人啊……

就在做到第十二个，我觉得自己实在坚持不下去了，准备偷偷提前结束时，我突然发现，自己正站在摄像头能拍到的位置上。我赶紧把放下的壶铃提起来，万一不做完，教练回头查看监控发现了，多丢人啊，信誉就没有了。

就这样斗争着做完第一组，几乎是用尽了我的全部力量。是的，被心理支配的力量。运动中间从来不动手机的我，这会儿溜达去喝水，拿耳机，看手机选歌，还“刷”了几下朋友圈。十分钟过去了，我都没开始做第二组。

我心底还是有一丝坚持的，终于提起了壶铃。当第二组做到第三个动作时，我一下子想到：“太笨了你，教练忙死了，谁有空去翻监控，就为了数你有没有按时按数做啊？好傻好天真……”

想到这里，我彻底没劲儿了。正巧教练过来问我做完没，我就坡下驴说：“还有俩，马上完工。”这话说得面不红心不跳，那么心安理得。教练立在一旁，看着我以无比标准的姿势做完两个，然后帮我拉伸，下课。好神奇，我怎么突然又有劲儿了呢？

虽然成功偷了懒，但下课后我的心情并不是愉悦的。我问自己，你是为别人的目光而活吗？当然并不是。那么你有自我要求和自制力吗？似乎并没有。

想起自己的表现，我可以用“震惊”来形容。虽然自始至终我都知道这样做不对，但就是没办法管住自己。陪孩子上过那么多课，要勤奋，不偷奸耍滑的话，我不知念叨了多少，可不知不觉间，我竟然成了比孩子还会偷懒的妈妈！

这个结论让我有点儿沮丧，平日藏在我身体里的，好像是一个假的自己。继而我突然意识到，儿子各种偷懒的小心思和举止，甚至偶尔不假思索脱口而出的小谎话，简直就是我的翻版啊。

滑冰课上，哪怕是教练转身的瞬间，也能少跳一次歇歇；写作业时，如果确认周边没人，就能喝水、吃水果、去洗手间、起来散步、自我休息……

我终于明白儿子常对我和韩先生说的那句话背后的意思了：“我上课的时候，你们能不能人在这儿，但别看我？”

难道我们“这种人”，生来需要旁边待着一个人，哪怕他不做什么，就待在那里，我们才能正常运转吗？如果真有这样一个人，儿子身边的那个，是我。而我身边的，是韩先生。

我想安慰自己说，人生就是如此，得偷懒处且偷懒，又或者把这件事归咎于我的拖延症。但转念一想，似乎又不是这样。

远处的不说，近在身边的韩先生，就永远是那种“自找苦吃”的人。同样是健身，有教练他也这样练，没教练他照旧，甚至一个人时他练得更刻苦，仿佛总要加练几组才安心似的。每回我都坐在一旁喝着可乐摇头，真是个“自虐狂”。

那是做事的动机不同吗？似乎也不是，健身是我自己特别想做的，滑冰也是儿子非要坚持的，并没有被谁逼迫。而平日工作和生活中，我又确实是个很靠谱的人，工作交给我，绝对不用担心，里外的事情，也都能打理得妥帖。

所以我想，大概是人人做事都有自己的方式，需要自己的空间，也要给自己懈怠继而奋起的机会，哪怕孩子也不例外。

偷懒、畏难，不自觉地说点儿无伤大雅的小谎话，只要出发点是善意的，并不会影响我们在该面对事情时，成为那个有担当，能够被信任的人。

我坐在健身房的地板上，一边自我检讨一边想，换作是我儿子做了这样的事情，会不会被我责备一番？一定会的——

“这么简单的动作，又不累，你竟然偷懒？”

“这都坚持不了，你还能做点儿什么？”

“明明没做完，却要说谎。谁还会相信你？”

“想要赢得别人的信任，靠嘴没用，得靠行动……”

一套一套的话，肯定是紧锣密鼓，一浪推着一浪的。我甚至都能设想出孩子沮丧的样子。

可我自己呢，纵使不断自我谴责，可内心依然为偷了这点儿懒雀跃了好几下。同时我早就原谅了自己，甚至想着下次再有类似情况，怕是还要重蹈覆辙，一点儿改过的决心都没有。

可以想见，成年人尚且不能自控，更何况是孩子。如此想来，反而踏实下来，事情也豁然开朗。

在养育孩子的路上，我们常常会追求所谓正确路线，如果不这样，就会怎样。若没有循规蹈矩，做家长的再开明，也多半难逃焦虑不安。但又有几个人能一直在所谓正确的路上马不停蹄，又有谁能确保此刻认定的正确，未来在孩子身上发挥作用时，依然是正确无疑呢？

当然，我依然会对孩子严格要求，放手的尺度会随着他年龄的增长慢慢放宽，而不会自降生那一刻起，便不加约束。

但是，我也会给他们无人站在身旁时，那份可以即时原谅自己的偷懒时刻，不伤害别人，只为掩盖自己小缺陷的说谎时刻，还有允许自己，同样错误一犯再犯的“不长记性”的时刻……

我们没有因此而变坏，他们，也不会的。

第7章

明确孩子的特殊性，顺势而为

必要的陪伴、督促与引导，我们永远都不会少。

对于自己的选择，他必须学会承担责任并为之努力。

时间宝贵，每次付出，都要对自己有个交代。

但我们不会再对照着别人的成绩与辉煌去数落他，

我们会永远对他充满信心与希望，

并随时准备好为他想努力的事情，

提供我们能力范围内毫无保留的全部支援。

——

我好像有点儿拖孩子后腿了 *

一天晚上，三岁的濑子姐画出了她人生第一张全家福。

从右往左，依次是爸爸、哥哥、她自己、妈妈。不知钱儿妈怎么想，反正我对我的形象很满意。钱儿妈说她也满意，要是能画上胳膊腿儿就更好了。后来她非说这是初稿，好歹逼着濑子姐把胳膊腿儿给画上了。

看濑子姐这幅画，让我想起了钱儿。这幅画她真的颇有“乃哥”风

范，尤其画的人物神态表情，跟她哥哥当年画的有一拼，只是她动笔比哥哥早了很多。

话说当年钱儿三岁时，他还在练习怎么拿住笔，更别提画张有主题的画了。

看完濑子姐画的这幅画，我很郑重地跟钱儿妈说："我有种很强烈的感觉，她现在'吃不饱'——我指知识方面，她迫切需要学习，需要人来主动教她，关注她。看来是时候了，她的时间表到了！"

我这么说绝不单纯是因为她这幅画，这种感觉在我心里有段时间了。

可能因为哥哥当年是个小 late bloomer 的缘故，我们记忆里全是他三岁了还不会开口说话，做什么都懵懵懂懂，比别的孩子慢半拍的样子。是我跟钱儿妈在前面轻轻拉着他，在后面轻轻推着他，耐心陪着他往前走，等着他慢慢开花、开化。

所以现在我们对濑子姐的启蒙教育，也一直持淡定随性的态度。有哥哥在前，对妹妹也不急不躁，做好了再来一个 late bloomer 的心理准备。

以哥哥做参照，我之前认为三岁的孩子能接受的主动教育和外界刺激不多。想想当年我使出“洪荒之力”希望钱儿开口说话，给他讲故事、讲知识、讲生活中各种常识的那些日子，不堪回首。把自己憋出内伤来，孩子也无动于衷的那种无奈，我还清楚地记得。因此我深知孩子那种时刻未到，你需要耐心等他们的道理。

但是，孩子跟孩子的不同，还是超出了我的想象。我经常在心底里感叹，三岁的濑子姐怎么会知道那么多事！我感觉得到，她就像一块小海绵，疯狂吸收着来自方方面面的信息和知识。她那双大眼睛里，充满了灵动的生活气息，四处找寻着她还没见过的，不了解的东西，找到了就一定要跟你问个究竟。

“爸爸，这是什么？爸爸，那是什么？爸爸，你在干什么……”而且你回答她，她绝非听听就算了，她同一个问题至少要重复问四五遍，等她记住了，弄明白了，而且运用自如了才罢休。

比如我写文章，她指着我打字的手问：“这是什么？”

“这是电脑键盘。”

她眉头一皱：“这是什么？”

“电脑键盘，打字用的。”

她点点头，但不走。过不了多一会儿，她又发问了：“打字用的？电脑什么？”

“电脑键盘。”

“噢，电脑键盘。爸爸，是电脑键盘，打字用的，对吧？”

“对，一点儿没错。”

我都有点儿头大了，这时才听她高兴地喊着：“妈妈，爸爸在工作，用电脑键盘打字呢。”马上能活学活用。

开始我并没有太在意，有时忙起来还觉得她挺烦的。但这样的情况渐渐多起来，我吃惊地发现，她是在有意识主动学习。

我突然意识到，自己好像有点儿拖她后腿了，我没有主动去喂她需要的知识，去发现她注意力集中的兴趣点所在。我感觉有时她发脾气，是因为得不到满足，她“吃不饱”。比如最近，她一有机会就央求我跟钱儿妈给她读书讲故事，一讲就是七八本，而且一直兴致勃勃。讲得我口干舌燥，濑子姐还是两眼放光，听得津津有味，连休息会儿都不让，你停下她就哭。

我跟钱儿妈说：“我感觉给她读书，我有一种被榨干的感觉。她的输入和输出能力都太强了，我感觉给她读书不是陪伴，她就是在学习。”

还有一天吃早饭时，我打开一包海苔给她，她指着里面的一个小包跟我说：“爸爸，那是干燥剂，会爆炸，不能动也不能吃，赶紧扔掉。”

我看看钱儿妈：“你告诉她的？”钱儿妈摇头，我又看看钱儿，钱儿干脆地说：“不是我教的，我都不知道会爆炸，妹妹太厉害了。”

我问她：“濑濑，你怎么知道这是干燥剂。”她指了指电视：“我看电视上说的。”

钱儿妈说濑子姐看电视很奇怪，爱看科普节目，尤其是真人讲解的，有真人讲解她就不看动画片。她特别注意里面介绍的那些生活常识，什么东西，什么原理，什么作用等，反而对情节不那么在乎。而且她很善于把她看到的听到的，很恰当地用在跟你的交流中，有时候让你反应不过来，觉得三岁的孩子对这些东西感兴趣有点儿奇怪。

所以之前看了她的画，再回想她最近的一系列表现，我忽然反应过来，我们给予她获取知识的渠道太少了，主动给她提供的资源，带她看的、听的，都不够满足她的需求。

以前哥哥是原地不动，我们想拖着他跑；现在妹妹是想跑，我们却无意识拖了她后腿。所以我跟钱儿妈当即决定，把无意识地满足她变成有意识地教育她，只要她有兴趣的，我们绝不推托，她想较真儿的，我们奉陪到底。

等孩子需要耐心，教育孩子更需要耐心，要发现孩子，则需要细心。我们需提醒自己，在日常生活中，要用心观察体会孩子的一举一动，你会发现一些特殊的时刻，或者可以叫作“孩子的时间表”，切不可等闲视之，更不应当以不变应万变。

等你反应过来可能已经晚了，因为你没跟上，孩子要么找到了其他能够满足她的途径，要么因为你的不重视而产生了阻碍，失去了习得的强烈愿望，那是最令人遗憾的。

还是那句话，没人比你更了解你的孩子，看到端倪，你需要做出反应，顺势而为。你积极的反馈，会让孩子找到信心的支点，会让他们事半功倍，同时，更会让他们永远保持探索和进取的热情。

爸爸，我最近是伴着你的呼噜声上床睡觉的 *

早上起床，钱儿跟我说的第一句话就是："爸爸，你知道吗？我最近都是伴着你的呼噜声上床睡觉的。每次我到卧室，都看见你睡得可熟了。我就悄悄地爬上床，亲亲你，跟你说'爸爸我爱你'，然后自己关上台灯睡觉……"

我沉默……

他接着说："爸爸，你不是总跟我说你小时候，爷爷工作特别忙，每天很晚才回家，每次都是你睡着了，爷爷轻轻来到你床前亲亲你，有时候你没完全睡着，还眯着眼睛偷看爷爷不是吗？你瞧，现在咱们俩倒过来了，改成我轻轻来到你床前，亲亲你了。你没有眯着眼睛偷看我吧？"

这话说得我心里一酸，我赶紧笑着摸了摸脑袋："啊？怎么回事？我上床前不是跟你说做完该做的事赶紧睡吗？你最近都几点睡的？"

"挺晚的，大概得快十一点了，我弹琴、画画、做作业，然后要读完每天的一本书。你还说等我来着，等着等着就睡着了吧，我就是觉得挺好玩儿的……"

送他上学，回来的路上，我试着想了想孩子描述的那个伴着我呼噜声上床睡觉的场景，既温馨，又好笑，更多是感慨。

现在的孩子，身处这个信息爆炸，精神物质生活都极为丰富的时代，无形中就背负了比我们这代人小时候重得多的压力。因为在孩子的教育和学习这件事上，我们这些当爸妈的获取信息的途径，与当年我们的父母相比，早已不可同日而语，我们已经和世界接轨。

自觉或不自觉间，我们设定的对标范畴，可能不再是我们同一栋楼、同一个小区，或是同一学校里谁的孩子，而是把视角放到了教育国际化的前沿国家同年龄段的孩子在看什么，学什么，关注什么，又有哪些全新的教育理念和方法在世界范围内流行。更不必说线上线下如雨后春笋般高调冒出的，秉持各种国际先进理念，覆盖各学科的教育培训机构和课程。

有次跟几家朋友聚会，几位妈妈众口一词，说孩子班里的学霸们都在各种顶级课外班补课。其实不能叫补课，该叫加强提升，人家本就领先，还比你拼。在座的妈妈们都有点儿沉不住气，热烈地交流着谁有更好的补习班特长班推荐，谁有更厉害的老师资源，把一个好好的朋友聚会搞成了教育咨询会。我们这些当爸爸的，开始还比较淡定，但终究抵不过妈妈们的各种“安利”，纷纷加入讨论，大谈自己的成长经历和自认为科学的育儿理念。

这样的聚会一结束，可想而知，各位妈妈又要把刚获得的第一手资源践行在自家孩子身上了。孩子们呢，想来睡得都不会太早吧……

我知道钱儿最近睡得比我还晚，当然也知道充足良好的睡眠在孩子生长发育过程中的重要性。虽然对他寄予厚望，但我们一直对他的要求不多，因为这个我们心中的小小 late bloomer 总比别人慢半拍，因此很长一段时间，他都需要我们推着往前走。

即便如此，他也很难达到我们的预期，因为他的自主意识和主观意愿都不强，小脑袋里装满了他童话世界里的角色，以至于钱儿妈曾为他一项作业天马行空地写上两小时而头疼不已。

我们一直非常有节制地给他安排课外课和补习班。即便这样，就算只是完成学校里布置的功课，也要花费不少时间，因此钱儿向来睡得不算早。好在他很随妈妈，睡眠质量好得出奇，早上让他稍微多睡会儿，精神就恢复得很好。

但是最近，尤其在他升了一个年级之后，我们在他身上发现了一些显著的变化。用钱儿妈的话说，他开始懂“人事儿”了，伴随着的是他理解力的突飞猛进。以前弹琴也好，画画也好，读书也罢，你很难看到他很强的自主意识，被催促的成分占了大多数。他很难感受到做这些事与他的意义和关系，仿佛就是我们要他做的。

最近很明显的变化是我们不必再每天专门盯着他练琴，他会每天准时准点地投入练习，同时效率提升明显，进阶很快。在我看来，他是弹进去了，是有了自己的主观感受和目的。

看他画画也是同样的道理，从构图到线条，都给我跟以前完全不同的感受，仿佛他一夜之间变了个人似的。

最明显的是读书这件事，每天一本书的阅读量着实不小，以前他把这当成一项任务，多少次读着读着睡着了，是我把他抱上床的。但是现在看他读书，那专注的眼神告诉你他在投入地思考，在享受，让我不忍心打扰。

最重要的是，他面对困难的态度开始变了，不再只是畏难，被动地寻求帮助，而是变得积极主动寻找答案和解决方法。

因此这些伴着我呼噜声上床的日子，是他自己的选择。我不知道他还会不会有反复和变化，但我知道的是他能从中感受到快乐，能投入其中。即便很累，于他自己，是值得的。

从另一个角度看，孩子的变化也给了我更坚定的信心，要相信每个孩子有他们不同的时间表，相信孩子自有其生存发展之道。

这世界上没有两个孩子是完全相同的，即便是孪生兄弟姐妹也有区别。我们能做的是在孩子还没有找到自己的时间表之前，给他们做好铺垫，帮他们不掉队，同时保护好孩子无比珍贵的童心和信心，让他们接触该接触的，见识该见识的，对他们该督促的督促，该要求的要求，只是不要强求结果和成绩！

更重要的是坚持我们自己的信心和学习力，不要把孩子武断地归类，不要过早地断定孩子能干什么，不能干什么，要在孩子身上发现一点一滴的变化，顺势而为，也许一个点就能让孩子开窍。而后我们会见识到星星之火，可以燎原的壮阔景象。

说白了，孩子真正需要的，不是你在他拨开云雾见日光时无尽的赞美，而是在黎明前最黑暗那一刻，你给予他的最坚定的支持和信心。

遵从父母的意志还是孩子的意愿，这是个问题！（上）

一天晚上，我和韩先生站在冰场的角落里陪儿子上滑冰课。彼时冰上人已不多，有两个小女孩格外显眼。她们个子不高，梳着萌萌的小辫子，脸蛋儿红扑扑圆滚滚的，大约也就四岁多的样子。小人儿滑几下就故意扑倒在冰上，然后笑得咯咯作响，继而爬起来，像小熊一样扭着往前，再扑倒，别提多可爱了。

几分钟后，冰场入口处响起一个小女孩妈妈的吼声："说你呢，别玩儿了，赶紧练会儿！"小女孩吐吐舌头，有模有样地左蹬右蹬，转头一看妈妈没盯着，又故意坐个屁股蹲儿，然后大笑起来。

再过一会儿，完全在我意料之中，耳边传来惊天动地的哭声与责备声。这种场景，若是在小区街坊间或是商场游戏区，估计会立刻引起围观和指责，热心肠的人可能还得上前劝两句："孩子还小呢，干吗呀？算了算了。"然而在冰场，或者说在很多竞技体育的场合，乃至延伸到各种课外课的现场，这实在稀松平常到无人侧目。大多数家长都心领神会，并且默契地各做各的事去。

一会儿，小女孩的妈妈似是还不解气地拖着她从我们身后走过，到一旁没人的安静地方，继续大声训斥着——

妈妈："你长脑子了吗？"

孩子："长了……"

妈妈："怎么跟你说的？"

孩子："不能……不能玩儿。"（抽泣）

妈妈："不许哭，再哭还揍你。说一万遍都不长记性，那么累陪着你来，是让你来玩儿的啊？啊？啊？每次都跟你说那么多管什么用？你怎么做的？"

孩子："我又玩儿了。"

妈妈："以后还敢不敢了？"

孩子："不，不，再也不敢了。"（抽泣）

妈妈："还敢哭，给我闭上嘴！再不长记性，就揍你个狠的。"

孩子："哇——"（大哭起来）

我和韩先生心有戚戚焉地对视三秒，都站在原地没作声，可不觉间我发现自己双手紧握，指甲快要抠进肉里。明明是人家的孩子，我心里怎么那么疼呢？

韩先生打破沉默，他小声问："这场景熟悉吗？"我点头，太熟悉了，这是我们曾经的经历的放大版再现，是我在冰场看到的诸多相似场景的缩影，也是我给儿子停掉两年滑冰课的重要原因之一。

三岁九个月，儿子第一次上冰。我们给他选择这个项目的原因特别简单，仅仅是因为他长得瘦小，不爱吃东西，想让他多活动。天冷户外活动不便，路过冰场时他又总喜欢看人家滑冰，于是我们就约了个教练想让他感受下。

这虽是他自己的意愿，可真到冰上的一刻，他直接躺在地上大哭着说不要。我们跟教练沟通了一下，说如果五分钟后他还在哭，就把他抱出来算了。教练于是在他附近做着各种简单动作，不出所料，他很快被吸引了注意力，被教练牵着手愉悦地走了起来。半小时的课很快结束，他又死活不肯走加了一节课。那时，他多么快乐……

最初他每周去一两次，也算过得去。到他四岁多的时候，有要求的规律性上课成为日常，“小蹦豆”就不那么配合了。

上课走神不认真做动作，教练示范时他人却跑了，滑着滑着突然蹲下从地上抠起一坨冰碴儿，都是常有的现象。下课后就更不用说了，人家大一些的孩子，都自发自觉地加练。他呢？如果让他疯玩儿，在冰上再来三小时也绝不喊累；但如果你让他练习，哪怕一分钟也不肯耽搁地喊着要走。回家为了能保持冰上的优雅姿态，还得顶着书练习，每次他都一脸不乐意。

毕竟是那么小的孩子，无论专注力、理解能力还是配合度，都远远达不到要求，最初我们都是非常理解与宽容的。但教练非常严厉，又觉得他身材很适合这个项目，因而寄予了很大希望。加之置身于那样一个“你勤奋，我比你更勤奋”的环境里，我们做家长的，要求也不知不觉高了起来。

有好几次，他气得教练中途吼他，把他轰出冰场。而他一脸无所谓的样子，简直让人气结。开始我们也是耐心地共情、拥抱、讲道理、鼓励他，但发现基本没什么用。再看看别的孩子，我们就怎么都淡定不了了。于是我从最初的做心理疏导工作，渐渐变为间断性的给脸色，接着开始有节制的批评（吼孩子），跟开头听到的那位妈妈如出一辙。后来为了控制自己不失态，就每次让他自己边哭边反思，哭好了再谈。

现在一回想起当时的情景，我和韩先生都哽咽了。他说：“你觉得那会儿咱们是不是作孽？”我只有点头的份儿，心中无比愧疚。

关于课外课和兴趣特长选择，因为我和韩先生有多年艺术类学习经历，他又在大学从事过数年艺术类教学，因而对孩子一直秉持这种态度：无论艺术还是与之相通的体育，孩子在达到该专业领域入门程度之前，是没有资格谈喜欢或不喜欢的。

这个理念，至今我们依然坚信没有错，在未来也会秉持下去。因而在此基础上，我们会很认真地为孩子做两件事：

第一，选能力范围内最专业的执教老师。好老师的标准，并不是单纯的能教会多少知识，比赛考高分、获大奖，而要具有前瞻性、宏观广博的视野和良好职业素养，并有坚守的职业底线与追求。

这段话可能看上去有点儿空泛不好把握，但若你真的找到这样的老师，便会明白我的意思。孩子从老师那里学到的东西，知识和技能只是一部分，更多的可能是坚韧的毅力、持续学习的热情，以及有自我判断力的审美能力，等等，绝不是只有“填鸭式”的被动接受。

第二，陪伴督促孩子在入门前坚持再坚持，入门后再做喜好判断与取舍。所谓入门，判断标准是超过专业人士或者专业领域评判标准下的最初级水平线。

从零基础到入门，本身就是一个不懈坚持的过程，时间或长或短，非常不易。没有这段坚持，孩子今天学游泳，游两次没兴趣了说不喜欢；明天弹钢琴，弹三回说不好玩儿不喜欢。这样的例子，生活中再常见不过。孩子如果连自己做的事情是什么，美在哪里，未来要走向何方，业界精英是什么样子都一无所知，那凭借什么能判断出自己喜欢或不喜欢呢？

还有很现实的情况是每个家庭能够给予孩子的试错机会与耐心，并不相同。家长赚钱不易，时间更是宝贵，辛苦一天后，花钱费力送孩子去学一门技艺，“佛系”的一定不会是大多数，就算嘴上不说，内心也多是有期待的。

你看道理说了这么多，我们却忽视了一个问题，那就是这个事件最中心的主角——孩子，每个孩子都是不同的啊！

冰场上来来往往，我见过很多孩子。有一个女孩给我印象很深，她比儿子小，瘦瘦小小的身体里，却总是迸发出耀眼的光芒。

她家离冰场有至少两小时车程，家长每天风雨无阻地带她上课或自由练习。无论有没有教练，在冰上练一小时也好，练四小时也罢，她从不受别人干扰，更不跟其他孩子玩儿，就一心练着。我们这些“凡夫俗子”的家长，多是吹胡子瞪眼，外加威逼利诱，让孩子多练哪怕一分钟。而人家的家长每次都劝孩子：“今天就到这儿吧，歇会儿不行吗？”

这样的孩子，无论她是三岁还是十岁，她的内驱力就不允许自己练不好，加上她原本资质就不错，因而进步飞速。我和韩先生秉持的理念，在她身上会很适合。

还有一个孩子，大约比儿子大一两岁，我们去冰场总能看到他。他天赋不那么好，虽然经过大量练习，但进展真的很慢。我觉得儿子已经是龟速前进的典型了，但那个孩子，比儿子的进度还要慢上十倍。不过他有个优点，就是怎么摔都不放弃，教练怎么批评都认真听着。每节课下课后，他都把当节课的内容练了再练，直到累得滑不动了才走。最初是父母带他去上课，后来换了奶奶还是外婆，不知是父母太忙，还是采取一种眼不见为净的回避方式。总之，那孩子虽仿佛比同龄孩子慢了几个世纪入门，此后却突然一日千里。

遇到这样的孩子，我和韩先生的理论，应该也会适用。

但我家这只不争的“小猴子”，如今回头看，虽不能说完全不对，但其实方式上确实有很大的调整空间。

我觉得那时最大的问题在于，当他是孩子的时候，应该允许他保持孩子的天性。

儿子在同龄孩子里，本来就算很早开始滑冰的。而现在回头看，他也算得上很听话。虽然上课会走神，但他多数时候都比较配合。下课后，即便他不情愿练习，当我们清晰地给出指令，比如再练五次转，蹬冰三圈就走这类能让他看到结束曙光的话语时，他还是基本可以做到的。

而我在多数时候，眼睛里看的都是大一点儿的孩子，或者自主意愿强大的孩子，他们特别努力，特别自觉，特别配合教练，特别有进展，特别……追求上进是对的，严格要求也没错，但参照系与自己的孩子根本不在一个起评线上，却提出同样的要求，是多么不理智而又可笑的做法。

但身在此山中的时候，自己是不会觉悟的，只会在错误的路上越走越远。于是吼孩子，超出他能力范围内地给他加点加量，就成了理所当然的要求。做不到的话，便没有好脸色给孩子。

后来儿子重返冰场，快十岁的他，虽然错过了所谓“黄金时期”，但他的自我觉知已经萌芽，或者说终于有点儿开窍了。他不但上课能尽最大努力，而且课下也十分勤奋，因而当我再看见文章开头的小不点儿挨骂，才会再次反思自己当年有多么离谱。

在滑冰这件事上，爸爸保持了一贯的理智与“佛系”，所以后来我尽可能少地让他去，多数时候都是我凶神恶煞地陪着。

课前压腿，脸上的汗水和眼里的泪水，我都看见了，却似乎忘记了心疼的感觉。冬天窗外漫天大雪，他想去堆雪人，我却把他推上了把杆。按照教练要求让他每周上四到五天滑冰课，还得加上配合滑冰课的芭蕾舞课……

他偶尔也有嬉皮笑脸的时候，那让我自欺欺人地觉得，这样做是对的，反正他心大，没心没肺容易快乐，没什么大不了的。

怀着二胖七个多月时，儿子要参加比赛。赛前密集又辛苦的集训，为了比赛服一趟又一趟地跑去测量修改，这些都按下不表。比赛当天，我们清早五点多爬起来出发。到了场地，爸爸去地库停车，我带孩子去四楼的冰场。

没想到因为来得太早，电梯还没开，他又提不动滑冰箱，我只好大着肚子，抱着箱子跑上四楼。缓了半天，肚子疼得我们都怕了，依然忙着帮他换比赛服和化妆。二胖预产期过了一周，我还蹲在冰场里帮他换鞋。他呢，还是不情不愿地多一分钟都不肯滑……

不能不承认，我终归是个俗人，付出多了，不知不觉就想把辛苦转嫁给孩子，对他要求越来越高。而他也终归就是个普通孩子，没有什么所谓天赋，腿再长也没出现奇迹。

不过令我欣慰的是，他总算入门了。冰上他开始滑得有模有样，潇洒帅气。几乎每次去上课我都能听到旁边不认识的家长指着他说：“那个小男孩滑得真好看，这么小就滑这么好。”比赛也是如此，他参赛虽不多，但成绩都不错。这个项目男孩本来就少，加上严师出高徒，结果自然没有悬念。

他终于成了所谓“别人家的孩子”，而我心里虽然也为他得意，但眼睛看的还是那些更厉害的同门师哥师姐。我所给予他的认可，太少太少。

我很清楚在滑冰这件事上，儿子一点儿主观意愿都没有，他只是完全服从我的安排。或者更直白一点儿说，他是为了让我开心，才坚持滑的。但我以为他入门了，这么难也坚持下来了，比赛领奖时，他也不是不得意不快乐的，大概他可以一直走下去，越来越棒的吧。而且若不功利，只是实事求是地说，经过这几年的付出，要停下来真是需要很大的决心。

遵从父母的意志还是孩子的意愿，这是个问题！（下）

正当我在儿子一日好过一日的路上，开始有了点儿舒心的感觉，同时也更加不遗余力地推他前行时，突然有一天，韩先生问我："你觉得儿子滑冰入门了吗？"

我想也没想地用鼻孔冲他哼了一声："那还用说，当然入门了。"韩先生接着说："那么说好的给他选择喜欢与不喜欢，继续或不继续的机会，是不是就在此刻了？"

我一愣，不知他为何这么说，毕竟从二胖出生起，儿子上课主要都是他带着去的，莫非是他觉得辛苦打了退堂鼓吗？

韩先生却说："孩子开始有了自主意识，想要决定自己的事情，而他同时对教练的严苛又并不理解，也越来越不接受。他没办法与咱们成年人对抗，便开始用一些自己的方式表达抗议，比如去上课路上'努力'睡着，到了地方怎么叫都装睡不醒，再叫就大哭。再比如上课磨磨蹭蹭，教练让练习也能照做，但只要你一眼不看着，他就敢这一秒偷懒，下一秒再说。"

韩先生语重心长地说："你可以推着他走，但太沉重了，大人孩子都辛苦，走不远的。你考虑一下，务必听听孩子的意见，他有选择的权利。"

等到儿子回来，我们促膝长谈聊了很多。他并没有意志坚决地提出不学，但问他“咱们继续好吗”，他不吭声，说“那咱们不学了”，他也不阻止。

我问他：“你喜欢滑冰吗？”

他想了想说：“我喜欢羽生结弦。”

“那你想做羽生结弦吗？”

“不用了，我看看就挺好。”

“那你愿意为滑冰努力吗？”

“嗯，我再想想。”

“如果不滑冰你开心吗？”

“开心啊，我太开心了！妈妈，是真的吗？”

从那天起，我们离开了冰场。说不失落是假的，我的心中也始终存有疑惑，究竟他是真的不想继续了，还是一时的情绪使然。我们就这样轻易地说了再见……

接下来的两年时间，一切都慢慢清晰了起来。

第一次，我对他说：“男孩子，一定要坚持学习个体育项目，无论是出于身体考量，还是相对于你所在的群体而言。”我的潜台词是“要不咱们回去滑冰？”儿子的答复就一句话：“只要不是滑冰，什么我都愿意去试试。”

第二次，朋友牵线，跟我们国家第一位获得冬奥会花滑奖牌的著名运动员约了一次课。那时儿子的滑冰鞋早就小了，我买了新鞋子，张罗好一切，大老远带他去。课上他无精打采，回来后不说再去也不说不去，问他总说再想想，于是也就作罢了。

第三次，在美国，冰场上人头攒动，按照他原先的水准，应该算滑得好的。我和韩先生动员他半天，就上去玩儿玩儿嘛。他立在一旁，雕像一般地说："不用了，谢谢。"

第四次，学校在冬季安排了一次滑冰课，说让孩子们体验一下冰上运动。我觉得他平素没什么机会展现特长，这是再好不过的机会，于是兴冲冲地说："学校通知让戴护具头盔什么的，咱这个水平，不用了吧？"

不想儿子淡淡地回我："不用了，那天能帮我请假吗？我连学都不想去上了。"我追问："这么好的机会错过不可惜吗？"儿子说："我不想滑冰，不喜欢。"

这是他第一次从口中说出"不喜欢"，真的令我震惊不已。

我到底曾经做了什么？我口口声声说，不会让他走专业道路，滑冰只不过是个业余爱好罢了，主要为了强身健体，多吃饭，最好未来因为冰上潇洒，能娶个好媳妇，别成了大龄"剩男"。

可实际上，对完全没有主观意愿的他来说，这样的坚持，却扼杀了他对这个项目的热情和喜欢，把滑冰变成了他最深恶痛绝的一件事……

那一刻起，我彻底放弃了怨念，就算未来有一天发现放弃是错误的，就算他未来一无所长，我也不再后悔。他不想坚持，你推不远的。

由此引发的连锁反应是我们开始重新审视他的课外课，也开始更多地倾听他表达的机会，给予他更多鼓励与支持。

在停下滑冰课的这两年多中，他的时间一下子变得充裕起来。我们有很多时间去读书，去接触更多他没有尝试过的事情。在此过程中，他提出要学游泳，但提前申明他只是想学会，并不打算作为长期项目，问我可不可以。我们于是每周上一两次游泳课，他学得还算认真但并不算多努力。而我因为提前做了心里预设，也不会因此发火。岁月静好间，他能够自如地游两种泳姿了。天冷了，他说暂时到这里吧。

他还主动要求学钢琴。我们再三确认他不会中途逃跑后，买了琴。后来我们出国，钢琴课断了一段时间，他问是否可以让他休息些日子，缓缓再开始，我们随他去了。很久不碰琴的他，突然有一天对我说："我准备好了，帮我联系老师吧，这次开始后，我会主动练琴，不用催。"然后他重新开始上课，每天再忙他也会抽空弹会儿，停课前的曲子很快就捡起来了。

不久后的一天，他又说："滑冰课我也准备好了，学校里人人都有体育特长，我总是要有一项的。我想过了，各种项目相比之下，对我来说滑冰是最容易上手的，况且我也觉得教练虽然严格，但都是为我们好，现在我都懂。我不敢说我能做好，但我想试试，可以吗？"

这次重回冰上，不等我和韩先生感慨，儿子已经懂得什么叫相形见绌。当年一同长大的小伙伴，凡是坚持下来的，都滑得非常好了。加上近两年的冰雪项目热，如今即便是六岁的孩子，与当年六岁的儿子相比，水平也高出不是一星半点。

第一次课下来，儿子有点儿沮丧地说："我与他们不能相提并论了，不知何时才能追上，唉……"

我和韩先生没有急于安慰他，更不会批评他，只是建议他多加练习，在可支配时间有限的情况下，尽量提高效率。

眼前的儿子，终于不同了。鞋子磨破脚，创可贴用完了，他一声不吭地继续。有次下课我发现他一瘸一拐，问过才告诉我他不知什么原因腿疼，但他觉得没理由跟教练叫苦，所以还是忍着把课上好。

教练的指令，他会非常认真地听过后执行。每次下课后，他都自觉再练上一小时。上课的往返路上，他循环听着当周的钢琴课作业睡觉，养精蓄锐，保持体力和最佳状态。你会猛然发现，他变得越来越自律，越来越有自我要求，也越来越好沟通。

重返冰场前我们与教练沟通，教练说："你们要做好心理准备，他学滑冰的最佳机会已经错过了。如果当年坚持到现在，他应该正好到了出成绩的时候。而如今再开始，快的话也得至少一两年才能再滑得比较像样，彼时同龄孩子早就出挑了，你们考虑清楚。"

但如今我不会再有丝毫犹豫。这次的选择，是真的回归初心，没想让他走专业道路，只是培养一项兴趣与专长。

于是，每次上课我们俩都一起陪他去。我们会躲在教练看不见的角落，在他靠近时，偷偷做个加油的手势，然后就见他精神一振，更加努力了。我们也会在他看到原本不如自己的小伙伴，如今把自己甩出好几条街而黯然神伤时，悄悄趴在他耳边对他说："时间就那么多，花在哪里都是有数的。别人日日泡在冰上的辛苦你虽没有看见，可是你也没闲着呢，咱们读书比很多人都多，学习也很棒，你不知道爸爸妈妈有多为你自豪。假以时日，咱们也能滑得好，跟自己比就好，不必在意别人。"

于是儿子眼中的笑越来越多，花在冰上的努力也越来越明显。当然我们不能幻想着一劳永逸，完全不管他、不敲打他也是不可能的，但他的自觉性已经大大提高。一个孩子做到这种程度，做家长的真应该满足了。

回首来路，我们全盘做错了吗？不，我并不这样认为。那段吃饭在路上，写作业在冰场，冬夏无休，被吼着推着前进的日子，当然谈不上愉快，但儿子也并非一无所获。

首先，这种持续性的专业训练，培养了他的毅力和良好的服从性。在后来的日子里，无论在学校还是上课外课，老师们都对他的专注与坚持赞不绝口。这种配合度，在他的学习过程中，是非常有益的。

其次，我真的见识了所谓童子功的强大。人们常说，像游泳、骑自行车等技能，学会了就永远会了，忘不了。而滑冰完全不同，久不滑慢慢技能就退化，再上冰不会滑了也不奇怪。可儿子重回冰上，虽然旋转很弱，腾空跳已经完全不会了，但基本的步伐和动作还都在。虽然离教练的要求尚远，但在我看来已经是惊喜万分了，真不枉他三岁多就混在冰场。

最后，因为这项运动，儿子保持了良好的体态，这或许能让他受益终生。儿子的滑冰教练一直要求他们腰板挺得笔直，甚至几乎要凹进去。虽然他也学了挺长一段时间的芭蕾舞，但他良好身姿的基础主要还是来自滑冰。即便这么久不滑，儿子无论站立还是坐着，都本能地做到周正挺拔，这也是日积月累的收获。虽然不知道未来的儿媳妇在哪里，但相信她也会喜欢吧？哈哈……

这是我一直想写，却一直没想好该如何叙述的经历。我对韩先生说："在当下阶段，我觉得自己可能没资格这样写。因为如果人家看过后，决定不再督促孩子，而放弃眼前的成果，那么对错是个未知数，我担不起责任。而如果人家看过后，决定立刻开始督促孩子，我又担心他们用力过猛，会伤了孩子的兴趣乃至信心。"

毕竟，走过弯路重回冰场，我的儿子并没有创造奇迹。在竞争如此激烈的项目中，以我们能付出的投入，他也很难有所建树。若曾经有过一线机会，或许我们终有一天会承认，错过就是错过了。

但我终于还是写了，因为我想告诉大家，在一切学习中，孩子本身，才是我们最该关注的核心，大过一切。坚持没错，但如何坚持，不同的孩子需要有不同的方式。能自己往前走的孩子，尽力去辅助他们，或许能让他们变走为跑；自己不走但有意愿被推着走的，也可以试试；但如果坐在原地还没有准备好的孩子，应该给他们喘息的机会和时间。一辈子那么长，哪里都有起跑线；离开这个世界前，哪里都不是终点。

如果这两年没有停下，我相信我们可以推着孩子坚持到今天。他能取得什么样的成绩我无法预知，但他不快乐，甚至厌恶痛恨这个如此美好的项目，这是我非常确定的。

所以从这个角度来讲，我觉得自己为儿子做的一切付出与做出停下的决策，我都不后悔，但我对他的态度和方式，有遗憾。未来在二胖身上，我会理智许多。

我也知道，他和他的爸爸妈妈一样，都是寻常的普通人，不是天才，也没有什么过人之处。想要出成绩，唯有不懈努力，没有半分捷径。即便如此，最终也依然还是个普通人。

当然我们不会因噎废食，对他变得毫无要求，听之任之。必要的陪伴、督促与引导，我们永远都不会少。对于自己的选择，他必须学会承担责任并为之努力。时间宝贵，每次付出，都要对自己有个交代。但我们不会再对照着别人的成绩与辉煌去数落他，我们会永远对他充满信心与希望，并随时准备好为他想努力的事情，提供我们能力范围内毫无保留的全部支援。

这张照片，我和韩先生一直保存在手机里，常常拿出来看看，每次都会无限感慨。

他站着，比起蹲着的教练也就高一点点。那么小小的人儿，腰板笔直，小下巴高昂着，这是当年我寄予厚望，恨不得他就是下一个羽生结弦的儿子。

前不久韩先生又拿出这张照片打趣道："有朝一日，你儿子万一真能在某方面有点儿成绩，咱俩得哭死吧？"

我大笑起来："是的，我能想象到那个画面。我会哭得昏过去三十多轮，醒来还得接着哭。真的，太不容易了。"

韩先生又说："不过咱们哭一定不是为自己的辛苦。"我点头道："当然，是替他而哭，他太不容易了，这朵晚开的花，太难绽放了。"

韩先生又问："你想过没有，要是他永远不绽放呢？"我笑笑说："那就请你更努力工作，养他一辈子呗。"

韩先生终于开怀大笑："我对你彻底放心了，咱们陪他一起努力，慢慢走，慢慢走。"

是的，儿子，你不会是下一个羽生结弦，也不必是别人家的孩子。你就是你，是爸爸妈妈心中没有人能够取代的那个越来越努力的寻常小孩儿，也是我们愿意付出一切去呵护的最珍贵的宝贝。

未来的路很长，我们陪你，慢慢走。

父母真难做，左也不是，右也不是，怎么办？

我曾听同事讲过这样一件趣事。

她说自己有个朋友，在尚未发达、喝水都塞牙缝儿的早些年间，时常跟身边人抱怨：“都是自小父母管我太严，天天逼我学习，导致我只会读书，对任何事情都没兴趣，不但创造力尽失，而且差点儿厌学，我才落得这般一事无成的惨淡境地。将来我有了孩子，一定要给他充分的自由，保护好孩子的天性，该放手时就放手，绝不做孩子学习上的贴身保姆。”

一晃几年间，此人机缘巧合发迹了，很是取得了些成就。此时她话锋一转，逢人便讲：“感谢爸妈从没放弃我，始终陪着我，严格要求我，推动我前行，为我做出巨大的牺牲，才有了我的今天。要是中途他们放弃了，对我放任自流，不再督促和管束我，哪有我今日的辉煌时刻。”

同事说：“你瞧，父母真难做，左也不是，右也不是。如今那个同事也已为人母，面对她自己的孩子，不知是否还能想起当年跟我们说的话。想不出她会如何教育孩子，大概也会来回摇摆，拿不定主意吧。你说这孩子到底该怎么养……”

我脑补了一下那人抱怨的画面，现在想来依然栩栩如生。生活中好像不缺这样的例子，然而我想说的是：谁都没有能力看到未来，或是站在当下反悔过去。教育孩子不能靠心血来潮。

闺蜜去年为了女儿特意换了一份不那么忙的工作，离家近了，每晚陪孩子的时间也更充裕。在我看来，一切都进展挺顺利，三年级的小姑娘，那一笔字练得真是秀气。小提琴拉着，读书也不少，有条不紊地按自己的节奏走得气定神闲。

可前不久闺蜜来我家送好吃的，我们聊起近况，她说着说着竟有些“气急败坏”起来。她说自己每天都用心陪着孩子，认真规划，按部就班地学习，但孩子一直是资质平平的那一类。在学校学习一般，算是中等偏上不突出的，琴拉得一般，读书虽多，但也看不出对写作文的促进作用。反而她同事的孩子，平时家长压根不太管（确实管得不多，并不是功夫下在外人看不见处的那种），但人家孩子样样都做得不错：学游泳没多久，比赛就拿个冠军；学钢琴很快就考级，成绩又好；人家读书，读一本是一本，写作文引经据典信手拈来……

闺蜜说她不是羡慕嫉妒，而是突然摇摆不定起来。她开始怀疑自己这样做，到底对不对，又是否值得。

她说：“你看人家散养的孩子，比我这用心养育的还要出色得多。我也知道孩子有聪明的不聪明的，有开窍的不开窍的。你说如果我也散养孩子的话，等到有一天我家孩子开窍了，说不定她自己就知道努力了，我至少有一半的机会不用那么累。可我又纠结，万一她总也不开窍呢？学校又等不了她。”

她这样想来想去，就不知如何是好了。自己多付出些倒没什么，她还心疼孩子每天笨笨地花很多时间付出，却看不到什么进步。她问我该怎么办，我反问她要是不管了会怎样？她说已经尝试豁出去散养了一周，简直“势如破竹”——更差了。

我没办法给她一个明确的答复该怎么办，孩子原本就千差万别，父母不管也能自学成才的孩子，也并非没有，只是大多数人都遇不上罢了。

生活中，我看到更多失败的例子不是因为父母不管或是管多了，而是父母的养育方式朝令夕改，一受刺激就动摇，一会儿散到没边儿，一会儿严到不讲人情，反而令孩子无所适从。

我曾对韩先生说："别人的失败经验可能会让我反思调整，但别人的成功，既不会刺激我更亢奋，也不会让我因羡慕导致心理失衡，继而对自己的坚持产生摇摆。"因为没有人比你更了解自己的孩子，他是什么心性，他的心智、学习能力与自控力处在什么水平，凡此种种，都能够帮你做出较为准确的和有针对性的判断，发现到底什么样的方式，对自己的孩子最为有效和有利。

这种判断，应该是坚定而自信的，它绝不会因任何人的看似轻松或是搏命奔跑而动摇，而只来自父母综合又慎重的考量，以及一如既往的执行能力。

想起韩先生对自己和孩子一贯的要求，可以用三个字概括：做笨人。他常常对儿子说："做笨人，或许是聪明的方法。"对此孩子当然没办法理解透彻，韩先生便解释给他听。

"既然知道自己是笨人，就要清楚除了埋头努力这一条路而无他法。当然不是说做事不讲究方法，而是要兢兢业业，凡事不要存任何投机之心。也不必瞻前顾后，认定了就努力去做，有多少力出多少力，能尽多少心就尽多少心。也许坚持下去结果依然不尽如人意，所做之事也未能如愿，但来路看得见，自己的斤两也了然于胸，坏也坏不到哪里去，总是踏实的。"

我想家长教育孩子也需要这种坚持，当然是理性的坚持，是建立在对孩子心性的充分了解和对外在客观环境充分认知的基础上的坚持。虽然这坚持有时看起来傻傻的，笨笨的，前景好像也并不明朗，但都说凡事敌不过时间，随着时间的流逝，坚持的力量会慢慢显现出来，相信你和孩子都会感受得到！

我的选择是：做个笨人，用我的笨办法，养个笨孩子。

第8章

最好的家教是言传身教

家长的自律和洁身自好，

会让孩子们变得自信、积极、正面；

反之，如果家长对人对己双重标准，严于律人，

宽以待己，则会让孩子变得自卑、消极、负面。

影响孩子的，是你明明知道却不在意的那些……

每次开车带儿子去书店，路上交通都比较顺畅，说说笑笑陪妹妹听会儿歌，不知不觉就到了。

有天韩先生去忙工作的事，所以我自己开车带他俩去买书。儿子按捺不住被允许买新书的激动心情，路上就度日如年地倒计时，催我快点开。

但那天很罕见地，导航显示有一段路是深红色。儿子看着密密的车流，有些沮丧地说：“这得哪年才能到呢？”我为了转移他的注意力，指着导航屏幕问他：“这个导航上红色、蓝色和黄色有什么差别？给妈妈讲讲？”

他想了想说：“看这路上，红色就是不走了，蓝色就是好走，因为平时咱们出门经常都是蓝色。黄色不好讲，是不是想走就走，不想走就不走？”我于是告诉他三个颜色的正确意义，他看了下红色部分竟然那么长，又开始着急。

我又指着屏幕左下角让他看，那里显示预计还有多少分钟才能到达。他看了一眼有些惊喜地说：“啊？再过九分钟就能到了？”我点头说：“是的，堵成这样子，其实也只需要九分钟，因为距离上已经很近了，如果不堵车，我们此刻已经到了。”儿子长出一口气说：“我一看这么多车，以为永远也到不了了，可是没想到就算要等，也不过十分钟，这点儿时间着什么急啊？”

我笑而不语，人很多时候真的是一个心态问题。你在车里急死也是九分钟到，你气定神闲地慢慢跟着，也是九分钟到。如果能想通这个道理，很多着急上火其实是不必要的。这点“小心机”我没有讲给儿子听。很多时候孩子不喜欢听你讲道理，也没必要事事上升到讲冗长道理让他们打怵。

那天我们很快蹭到导航红色最深的位置，原来是路上发生了车祸。但因为交警已经到了，所以路面秩序井然，导航信息又有些滞后，其实我们最后比原定时间还早到了两分钟。下车时儿子为这两分钟开心不已。我想他已经明白了我希望他拥有的处事心态，否则放在平日，早到两分钟有什么可开心的？

我本质上是个拖延症患者，但好在是责任心够用的那种，所以即便拖到最后，也一定会保质保量按时完工。只是与别人合作时，如果对方是个焦虑型人格或规划性特别强、事事要领先的人，就会受不了我。

然而凡事总有两面，我们这种人最大的好处就是心态特别好，急得火烧眉毛的事，也能内心淡定地挨到最后一刻。所以看到儿子迅速消化了焦虑情绪，我又有点儿担心，我的拖延症，到底有没有被他原样学去。

有次我们和儿子以前的一个美国同学 J 约了两家一起去吃自助餐。两个孩子感情特别好，J 的妈妈特别有能力，经常一人“扛”着仨孩子出门，而且把孩子们都教养得很好，所以我很喜欢她。

吃饭那天两家爸爸也都出席了，看得出他们家应该是父母默契、和谐友爱的家庭。

去取餐时，J 的妈妈刚对他爸爸说了句什么，他爸爸却没说一个字地突然转身走了。从我站着的角度看，他似乎是没听到这句话。而事后他也说了自己突然离开，是为了抓住 J 乱跑的小妹妹。但 J 说了一句话，让我们都挺意外。

他对站在原地没吭声的妈妈说："Don't be sad, I know, he never listens to you.（别难过，我了解，他从不听你说话。）"

J 的妈妈后来对我说，J 的爸爸平时很忙，在家时也经常在打电话或是发邮件。她说话常能感觉到 J 的爸爸心不在焉地应付，或是话说一半他就去忙自己的事情了。但她认为这不是什么大事，即便有时心里也会不爽，但她理解他的工作性质就是如此。而且 J 的爸爸真的很爱她和孩子，夫妻感情也一直很好，所以她完全没想到孩子会一语道破天机。

她说："我不知是该庆幸孩子如此善解人意，还是该担心他以后会认为这是正确的家庭相处方式。"我安慰她说："孩子都懂得宽你的心，自然知道这样不好，不会效仿的。况且我看爸爸的表情，也意识到有问题，相信他也会留意的。"

嘴上这样说着，其实我的内心也是波涛汹涌。这种连夫妻自身都并未视作问题的"问题"，却能被孩子如此敏锐地捕捉到，那么在真正的家庭问题上，孩子会那么容易被蒙在鼓里吗？

很多时候，不是我们小看了孩子，而是太高估了自己。

有次儿子夏令营开始的前一晚，我才想起他有几张表格要打印出来手工填好，带去营地。于是在外面吃完饭，我们一起去便利店打印表格。店里的电脑连上 U 盘或者其他电子存储器，就可以自己操作。我忙着的时候，儿子跟旁边一个在等打印照片的七八岁男孩聊上了天。

那个孩子原本一脸不悦地一直在冲他妈妈发脾气，他妈妈于是也没好气地跟店员发牢骚。她语速特别快，我大致听了一耳朵，原来打印机出了点儿问题，店员联络了相关人员来查看，要等五到十分钟，但她不想等，可又不想照片打印出来留给店里，走也不是，留也不是。

不知儿子跟那个男孩说了什么，后来他俩居然玩得特别开心。打印机搞定后，原本一直催着妈妈走的他，非要留下跟儿子再玩一会儿，说等我们走时他们才一起走。而他的妈妈，也因为他的转变，态度缓和下来。

回到车上我问儿子是怎么让那男孩安静下来的。儿子没想到我会问这个问题，可能在他看来他并没做什么，只是找个伙伴玩儿。对于我的问题，儿子说："我问他为什么对妈妈生气，他说因为还要等五到十分钟，太烦了。然后我又让他猜如果我们两个一块发脾气，那个工程师会不会来得更快？那个男孩回我说'别傻了，当然不会'。"说完，不等儿子继续，那个男孩自己先笑了，然后他的情绪就平静下来了。

儿子说："我本来想跟他说，发脾气也是十分钟，不发脾气也是十分钟，那干吗发脾气，怪累的。"听到这里，仿佛孩子学到了我的好心态，其实我并没觉得有多欣慰。

让我思考更多的，是很多时候虽然我们懂得"Children see, children do（孩子们看到什么，就会跟着做什么）"的道理，但未必真的意识到作为家长，我们的处事心态和行事方式，会对孩子产生多么直接、多么顽固的影响。

儿子耳濡目染地学会了我的不紧不慢，而那个男孩发脾气的样子，跟他妈妈的样子如出一辙。他们其实骨子里都是很 nice 的孩子，也都是一点就通的小机灵。

以前跟一个从事儿童心理学工作的朋友聊微信。她说很多人会担心自己意识不到的坏习惯被孩子学了去，但其实根本不用想这么多。如果做家长的，能先着手改进已经意识到自己没做好，却没当回事的那些问题，可能对孩子更有实际意义。

她说："你永远想不到家长的好心态、好习惯和积极的为人处世方式，能够无形地给孩子多么正面的影响。"

我心里暗暗想：怎么会想不到呢，我已然看到了。而且我也相信，每个用心的家长都会想到，也会时时提醒自己，不必好高骛远，就从眼下的不足慢慢改起。

于我，拖延症可以好好治治了。

你训孩子的那些话，往往用在自己身上更合适 *

早上起床时，我对钱儿发火了，起因是他丢了校服外套和运动裤，在充斥着起床气外加紧张忙碌的早晨，听他睡眼惺忪地跟我讲述也许忘在学校了，也许被同学误拿了，也许丢在不知道什么地方了……一股邪火不知何时冲到头顶。

我厉声道："没有你这样的，衣服裤子还一起丢，你怎么不把自己丢了呢？长脑子干什么用的？丢三落四什么都能忘，怎么就忘不了吃饭睡觉呢……"

这些话简直没有经过大脑，劈头盖脸地甩给了孩子。钱儿蒙了，愣愣看着我，我继续发泄着怒气："看什么看，你打算光着去学校吗？赶紧去找别的衣服替代。你自己跟老师解释，去学校找，找不到不要回来了。" 我感觉跟孩子说这些话的时候，我是排斥自己的，但是不知为何还是说出来了，好像上瘾了一样。

钱儿慌慌张张、战战兢兢地钻进衣橱，随便拿了件外套套上，收拾好书包，去吃早饭。整个过程他没敢再吭一声，更没敢再跟我对视一眼，想来早饭是没吃好的。

而后我送他坐校车，一路上我们没有说话。上了校车，他一直定定地看着我，直到校车开远了还扭头看着我，眼神里的抱歉、依赖，依稀可见，楚楚可怜。

我虽面无表情地看着他，但心里不是滋味。回到家，钱儿妈问我："看到濑濑的外套和水杯了吗？"我一拍脑袋："哎呀，是昨天晚上去幼儿园接她时忘了拿了。"

钱儿妈看了我一眼，又问："那你自己的水杯呢？"

"啊，不在我包的侧面吗？"

"没有，你自己看。"我才猛然想起，昨天好像落在跟朋友见面的咖啡厅了。

钱儿妈没说话，给濑濑另找了件外套，又给我俩都换了杯子，我们一起送濑濑上幼儿园。到了幼儿园门口，要进门了，我才发现忘了带入园卡，赶紧在园外重新登记。我自嘲道："这都能忘，看来真是老了……"

钱儿妈说："是啊，好像今早你说儿子的那些话，现在用在你身上比较合适。不过我不会说，因为我知道你最近很忙，头绪多了，忘事也很正常。"

我说："是的，不过不必给我找理由。我也不知是怎么了，那些话伴随着情绪脱口而出。现在想来是我小时候也经常承受那些话，才如此纯熟地用在自己孩子身上吧。而且我感觉这就叫放任自己，放任情绪，而非正面跟孩子沟通，教育孩子。放任仅仅源于自己的心情，源于一些习惯，源于自己是个大人，这是不对的。这样吧，你陪我一起去一趟钱儿的学校，等他下课时我要跟他道个歉。"

我们到学校时，正好是课间休息时间，孩子们都出来了，那一张张天真的笑脸，让我特别迫切想见到儿子。

钱儿妈跟我说："不如咱们先去学校失物招领处看看吧，我在他衣服上都写了名字，也许能帮他找到。"失物招领处在学校一处角落，远远的，我看见一个小小身影，钻在格子里努力寻找着什么，不是钱儿是谁！

我的眼泪瞬间满溢，我轻轻走到他身后，唤了声“钱儿，爸爸来了”。不想还是吓了他一跳，他转过身，惶恐地看着我：“爸爸，妈妈，我还没找到。对不起。”

我蹲下来，摸着他的头说：“对不起孩子，我要真诚地跟你道歉。我们每个人都会有这样的时刻，你丢了校服是不对的，但这不是我那样说你的理由。比起你的不对，我的话是更过分的，现在我要收回它们。孩子，对不起。”

钱儿抱住了我，许久没说话，但我感觉到他完全放松下来了。他斩钉截铁地跟我说：“我不会再有下一次了，我会照顾好我自己和我的衣服的。”

铃声响起，我们答应会再买一套校服给他备着，让他赶紧去上课。看着他轻松跑走的背影，我由衷地感觉这个道歉很及时，很值，不矫情，不虚伪。

同时也再次提醒自己，在孩子面前，不要假装自己是个成年人，很多“恶”就源自我们自认为的“成年人”身份。在孩子面前，我们应放下自己，不要放任自己受环境和情绪的左右，更不能囿于自己过去的经历，在不自知中或者理所当然的习惯支配下伤害孩子。

作为父亲，在孩子面前如果我们也能遵循错了就改，真诚道歉，绝不迁就自己的原则，同时不以一时一事武断评价孩子，能先推己再及人，你会发现，孩子会越来越成熟，明事理，而你也会越来越像孩子般质朴纯真和感情丰富。这便是我心目中相得益彰的父子关系！

我特别珍惜被孩子们抓住“小辫子”的那些时刻 *

晚上工作到快十一点。回到家，本以为孩子们早睡着了，没想到钱儿还没睡。我进门时，他正在整理桌上的书本。我说：“你怎么还不睡？”他说今天作业较多，做完了他还想看会儿书，没想到看入迷了就到这个时间了。

“噢，对了，”他说道，“妈妈陪妹妹早睡了，我还想守着她们，等着你回来。”话说得平常，但一个小男子汉的形象已经跃然于我心间。我笑着用力拥抱他：“好了，咱们也去睡觉。”小家伙儿麻利地收拾好东西，去卫生间洗漱，然后出来整理第二天要穿的衣服，把它们整齐地叠好，放在床边。

这时候，一股倦意猛地袭上我的心头。这一天忙活下来，是真累了，现在就想一头扎进被窝里，什么都不管了，也管不了了。于是我换好衣服，在床边坐下来，刚要掀被子，一个声音传来：“爸爸，你刷牙了吗？”我背对着他，笑着摇了摇头，叹了口气：“我还没刷。”

“那你怎么就想上床睡觉啊？”

“是这样，我忙了一天了，确实累极了，我现在感觉躺在地板上就能睡着，我真没劲儿再刷牙洗澡了，我今天能先睡吗？”

“爸爸，你要加油呀，就像你说的，越是累的时候，越是考验人。你洗漱完，再上床睡觉，花不了几分钟，但却是完整的一天，没有遗憾。

来吧，爸爸，刷牙吧，我陪着你。”

我憋不住呵呵地笑出了声，这都是我平时跟他说的，他一字不差地全用到我身上了。那语气语调，仿佛在听我给自己做心理建设，鼓劲儿打气似的。不过他说得特别认真，特别发自内心，没有半点儿戏谑调侃，或者在我这儿找到快意恩仇的感觉。回想最近我俩经常角色互换的一些场景，我不禁开始仔细跟他掰扯起我现在的感受来。

我说：“钱儿，你知道吗？就差那一点儿，真的，我一刷牙一洗澡就清醒了，那睡觉的感觉就全没有了。我现在躺下，就是最舒服最惬意的状态，我一沾枕头就能睡着，明天一早我就起来仔细洗漱，现在就让我先睡吧，行吗？”

我听到背后的他也笑了，笑得很会意。而后就感觉一只小手先是搭在我的肩头上，可能感觉有点儿太高了，又放下来搂住我的腰。“行了，爸爸，不差那几分钟。来吧，我陪着你，走吧走吧。”

就这样，我半推半就被他扶着进了卫生间。他给我接好水，帮我挤好牙膏，一切一如我平时对他的样子，而后他微笑着把牙刷递给我，还冲我点点头。那眼神里全是鼓励，仿佛面前就是一个撒娇的孩子。

我接过牙刷，草草刷了几下了事。当我拿起牙缸要漱口时，他适时开口道：“爸爸，这才刷了几下呀，凑合事儿可不行啊！来，我给你记着时间，咱们重新来！”

扑哧，我一口牙膏吐了出来。他在如我平时观察他刷牙一样地仔细观察着我。他不慌不忙拿了我的手机，定了个五分钟，然后给我重新接上水，挤好牙膏，递给我说：“爸爸，你加油，这是为你自己好。”（流程步骤动作节奏完全如我之前一样。）

“好吧，我加油。”我接过牙刷认真刷了起来，直到手机铃声响起。这感觉挺奇妙，这一刻，我们好像进入了彼此的角色，扮演着彼此。我们都知道是在表演，但感受却是真实的，态度更是真诚的。我此刻的累和想偷懒的感受，他积极督促、鼓励我的态度，都在我们心中互相印证着，让我能更设身处地体谅和理解孩子累极时的心理变化。我相信他也能体会到，我平时对他说这些话的用意和目的。

让我没想到的是，他演我简直传神，让我感叹平时孩子们在怎样用尽全力地仔细观察我们的一举一动。我们的一言一行，其实都逃不过孩子的眼睛，甚至我们说话时的一个眼神，一举手一投足，都被他们看在眼里，记在心上。

同时，他们会给出自己的判断，你的用意，你的目的，甚至你的潜台词……这是孩子才会有的敏锐的觉察力。他们会在日常生活中、在你身上寻求印证，你对他的言语，能否首先兑现在你自己的行为上。

由于你作为家长天然的权威感，孩子们表面上不说，抑或你根本没给过他们机会说，但不代表他们内心没有想法。哪怕再小的事，都会对他们产生影响。

你的自律和洁身自好，会让孩子们变得自信、积极、正面；反之，如果你对人对己双重标准，严于律人，宽以待己，则会让孩子变得自卑、消极、负面。

当然，作为一个成年人，在日常生活中能约束自己的，往往只有我们自己，所以我们受的束缚其实比孩子少得多，因此就常常有双重标准和不够自律的情形被孩子看到。

所不同的是，我们找的理由很“成人”，表面上很光明正大，往往孩子不服但又无法辩驳。其实我们也暗自惭愧不已，但家长的形象和权威还是要维护的。长此以往，孩子会产生错觉——等有一天我长大了，成了大人，我就可以做你不让我做，但你可以做的那些事。

所以，我会特别珍惜被孩子们抓住“小辫子”的那些时刻，甚至故意露出“小辫子”给孩子们抓到，让他们知道大人的自律不见得比孩子强。尤其当孩子们给我指出问题所在时，我会跟孩子辩理，但绝不摆成年人的架子，只讲自己的真实感受，偶尔也会像孩子似的胡搅蛮缠、撒娇放赖。

我会让孩子看到，当一个人想给自己找理由逃避问题的时候，大人和孩子能做的差不多。当孩子用我们跟他们讲道理时说的那些话，把我们逼到墙角时，绝不矫情，该认就认，该行动就行动。因为开始孩子可能只是在学你，但当你认真应对并做出积极反馈的时候，孩子会忽然反应过来，他真的站在了你的立场和角度，你积极的反馈会让他更自信。他会明白你为什么要这么说，也会明白自己该怎样做。这完全建立在公平对等的基础上，这样他会更信服你，愿意跟随你，提醒你，也更容易接受你的督促和鼓励。

钱儿看着我认真洗漱完毕，我俩躺在床上。黑暗中，我说：“谢谢你，让我的一天完整没有遗憾！”